Jule Philippi

Crash-Kurs Lernen

Tipps, Ideen und Übungen für den Lernerfolg

Vandenhoeck & Ruprecht

Bibliografische Information der Deutschen Nationalbibliothek

Die Deutsche Nationalbibliothek verzeichnet diese Publikation in der
Deutschen Nationalbibliografie; detaillierte bibliografische Daten sind
im Internet über http://dnb.d-nb.de abrufbar.

ISBN 978-3-525-70100-3

Inhalt

Der Lerntest – Was für ein Lerntyp bist du?

So findest du es heraus:

Jeder Mensch nimmt seine Umwelt über seine fünf Sinne wahr. Weißt du, welche das sind?

_____

_____

_____

_____

_____

Diese fünf Sinne spielen auch beim Lernen eine Rolle – riechen und schmecken ist natürlich nicht so wichtig wie sehen, hören oder fühlen. Die meisten Menschen bevorzugen einen Sinneskanal – das heißt, sie können sich Dinge am besten merken, wenn sie etwas sehen oder hören oder fühlen.

Welches ist dein liebster Lernkanal? Durch einen einfachen Test kannst du es herausfinden. Du musst diesen Test zusammen mit einem Partner machen – mit einem Freund/einer Freundin oder mit deinen Geschwistern. Vielleicht können dich auch deine Eltern testen.

Lernst du am besten durch Sehen?

Für dieses Spiel braucht ihr zehn Gegenstände, die dein Partner aus deinem Zimmer auswählt: ein Buch, eine Schere, eine Spielfigur, eine CD usw. Du darfst nicht wissen, welche Gegenstände das sind.

Dein Partner zeigt dir die Gegenstände im Abstand von zehn Sekunden. Danach gibt er dir ein paar leichte Rechenaufgaben: 2x2, 3+5, 4-2 ... Schließlich musst du alle Gegenstände aufzählen, die du dir gemerkt hast.

➤ Wie viele waren das? ____ Gegenstände

Lernst du am besten durch Lesen?

Dein Partner schreibt auf verschiedene Din-A-4-Blätter verschiedene Begriffe: Katze, Rakete, Schwimmring, Nase ... (er darf auch Schimpfwörter nehmen, wenn er will.) Wiederum darfst du nicht wissen, welche Wörter dein Partner aufschreibt.

Dann zeigt er dir die Zettel im Abstand von zehn Sekunden. Er muss darauf achten, dass er dir nur einen Zettel zur Zeit zeigt.

Anschließend stellt er dir wiederum leichte Rechenaufgaben. Wenn du damit fertig bist, nennst du ihm alle Begriffe, die du dir gemerkt hast.

➤ Wie viele waren das? ____ Gegenstände

Lernst du am besten durch Hören?

Dein Partner schreibt zehn verschiedene Begriffe auf einen Zettel. Die liest er dir in langsamer Sprechgeschwindigkeit vor. Danach lässt er dich wieder Aufgaben rechnen. Schließlich musst du ihm alle Begriffe aufzählen, an die du dich erinnerst.

Wie viele Begriffe hast du dir gemerkt? ___ Begriffe

 Lernst du am besten durch Fühlen?

Dein Partner verbindet dir die Augen. Dann gibt er dir zehn Gegenstände zum Betasten in die Hand: einen Radiergummi, ein Taschentuch, ein Buch ...

Gegenstände, an denen du dich verletzen könntest, sind natürlich verboten! Wenn du den Gegenstand erfühlt hast, sagst du Bescheid – du darfst aber nicht sagen, um welchen Gegenstand es sich handelt. Wenn du einen Gegenstand erfühlt hast, gibt dir dein Partner den nächsten.

Anschließend musst du wieder leichte Rechenaufgaben lösen. Und dann erzählst du deinem Partner, an welche Gegenstände du dich noch erinnerst.

Welche Gegenstände konntest du dir merken? ___ Gegenstände

Auswertung des Lerntests

Mithilfe dieser Tabelle kannst du deinen Lerntest auswerten. Die vier Spalten stehen für die verschiedenen Kanäle, über die du lernen kannst. Die erste Spalte (ganz links) steht für Sehen, die zweite für Lesen, die dritte für Hören und die vierte (rechts) für Fühlen. Male in jeder Spalte jeweils so viele Kästchen aus, wie du dir Begriffe/Gegenstände gemerkt hast. Benutze am besten verschiedene Farben: rot für Sehen, blau für Lesen, grün für Hören und gelb für Fühlen.

10				
9				
8				
7				
6				
5				
4				
3				
2				
1				
	Sehen	Lesen	Hören	Fühlen

In welcher Spalte hast du die meisten Kästchen angemalt?

👁 Wenn du bei „Sehen" die meisten Kästchen angemalt hast, sind folgende Lernstrategien für dich geeignet:

Du kannst

- für den Lernstoff Skizzen und Schaubilder anfertigen,
- wichtige Wörter im Text farbig unterstreichen oder markieren,
- Plakate für dein Zimmer erstellen,
- Filme und Bilder zum Thema suchen (z. B. in Büchern, Zeitungen, Zeitschriften oder im Internet) und anschauen,
- dir den Lernstoff vor deinem „inneren Auge" vorstellen.

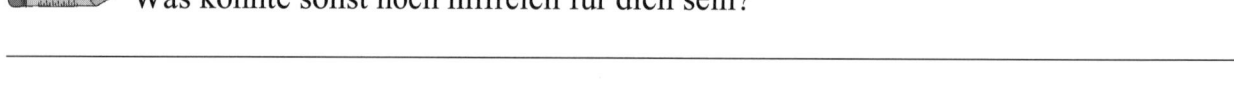 Was könnte sonst noch hilfreich für dich sein?

_____

_____

📖 Wenn du bei „Lesen" die meisten Kästchen angemalt hast, sind folgende Lernstrategien für dich geeignet:

Du kannst

- wichtige Stellen im Text farbig markieren,
- wichtige Stellen aus dem Text abschreiben,
- den Text auf das Wesentliche verkürzen,

- Merksätze selber formulieren und aufschreiben (eventuell am Computer),
- Spickzettel erstellen, die einen komplizierten Lerntext übersichtlich und in Form eines Bildes darstellen.

Was könnte sonst noch hilfreich für dich sein?

Wenn du bei „Hören" die meisten Kästchen angemalt hast, sind folgende Lernstrategien für dich geeignet:

Du kannst

- den Lernstoff (Vokabeln, Gedichte o. ä.) auf Kassette aufnehmen und ihn dir anschließend anhören,
- dir den Text, den du lernen sollst, laut vorlesen,
- mit deinen Freunden, Eltern, Geschwistern über den Text, den du lernen sollst reden,
- dir Hör-CDs (z. B. GEOLINO, WAS IST WAS u. a.) zum aktuellen Lernstoff besorgen.

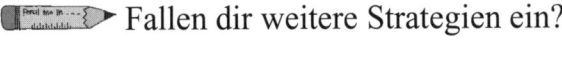 Fallen dir weitere Strategien ein?

Wenn du die meisten Kästchen bei „Fühlen" angemalt hast, sind folgende Lernstrategien für dich geeignet:

Du kannst

- dir Lernmaterialien aus der Bücherei besorgen,
- Modelle bauen,
- Experimente, die ihr in der Schule durchgeführt habt, zu Hause nachstellen,
- Matheaufgaben mit Zählmaterial ausrechnen, Entfernungen ablaufen, Entfernungen ausmessen,
- dich beim Auswendiglernen bewegen.

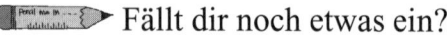 Fällt dir noch etwas ein?

_____

_____

Tipp: Wenn du deine Tabelle noch einmal anschaust, stellst du sicher fest: Du hast in einer Spalte mehr Kästchen angemalt als in den anderen. Aber insgesamt hast du in jeder Spalte Kästchen angemalt, stimmt's? Deshalb solltest du beim Lernen auch möglichst viele verschiedene Strategien anwenden. Du lernst nämlich umso besser, je mehr Sinneskanäle am Lernprozess beteiligt sind.

Folgende Statistik ist wissenschaftlich erwiesen:

Wir behalten

10 Prozent von dem,	was wir nur lesen.
20 Prozent von dem,	was wir nur hören.
30 Prozent von dem,	was wir nur sehen.
50 Prozent von dem,	was wir hören und sehen.
70 Prozent von dem,	was wir mit eigenen Worten wiedergeben.
90 Prozent von dem,	was wir selbst ausprobieren.

Übung: Gedicht lernen

Lerne das Gedicht „Ritter Prunz zu Prunzelschütz" (S. 13) auswendig. Probiere dabei die folgenden Strategien aus (du musst nicht unbedingt alles machen):

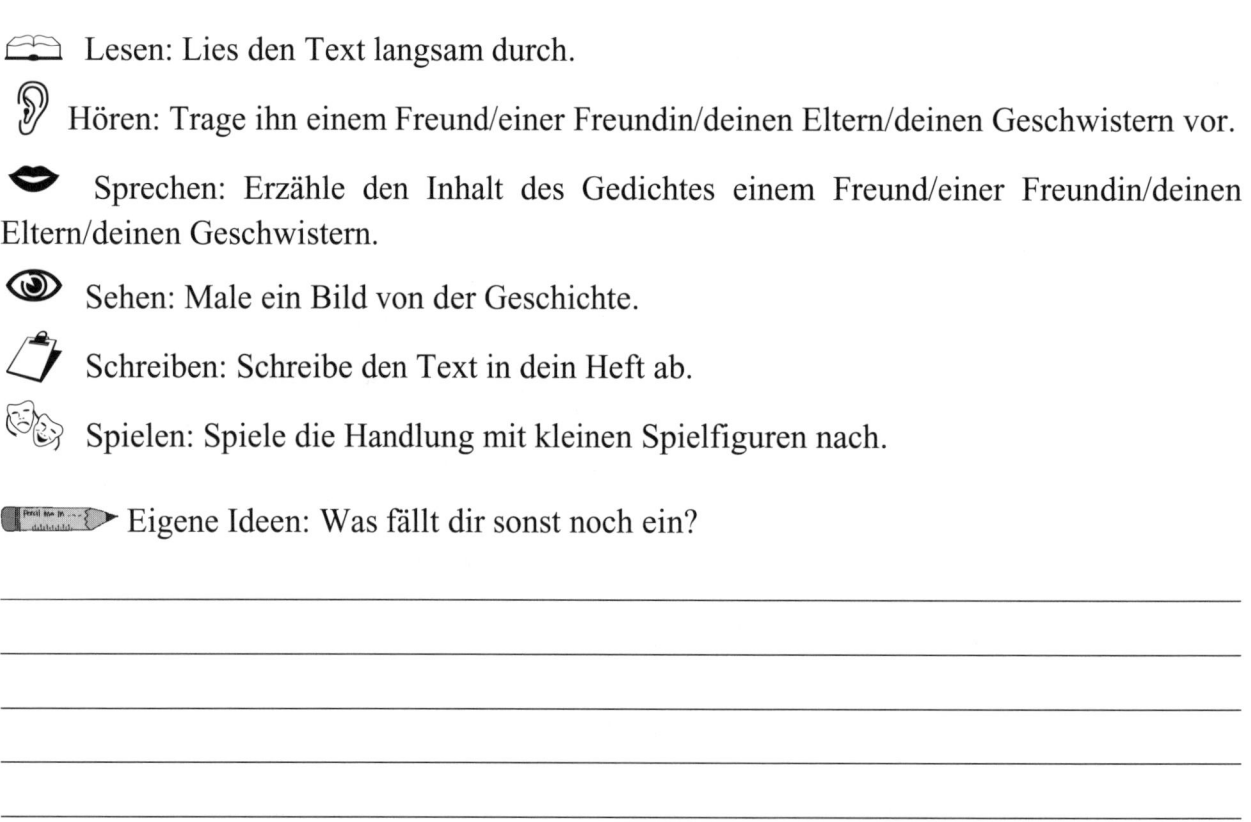

Lesen: Lies den Text langsam durch.

Hören: Trage ihn einem Freund/einer Freundin/deinen Eltern/deinen Geschwistern vor.

Sprechen: Erzähle den Inhalt des Gedichtes einem Freund/einer Freundin/deinen Eltern/deinen Geschwistern.

Sehen: Male ein Bild von der Geschichte.

Schreiben: Schreibe den Text in dein Heft ab.

Spielen: Spiele die Handlung mit kleinen Spielfiguren nach.

Eigene Ideen: Was fällt dir sonst noch ein?

_____

_____

_____

_____

_____

_____

Ritter Prunz zu Prunzelschütz

Das war der Prunz zu Prunzelschütz:
Er saß auf seinem Rittersitz
mit Mannen und Gesinde
inmitten seiner Winde.

Die strichen, wo er ging und stand,
vom Hosenleder über's Land
und tönten wie Gewitter –
so konnte das der Ritter.

In Augsburg einst, zu dem Turnier
bestieg er umgekehrt sein Tier
den Kopf zum Pferdeschwanze
und stürmte ohne Lanze.

Doch kurz vor dem Zusammenprall
ein Donnerschlag – ein dumpfer Fall –
Herr Prunz mit einem Furze
den Gegner bracht' zu Sturze.

Da brach der Jubel von der Schanz',
Herr Prunzelschütz erhielt den Kranz.
Selbst der Kaiser grüßte lachend
und rief: „Epochemachend!"

(Fritz Graßhoff)

Ordnung auf dem Schreibtisch

➤ Was gehört auf deinen Schreibtisch? Kreuze an.

Lineal	☐	Stifte	☐	Kuscheltier	☐
Eieruhr	☐	Patronen	☐	Radiergummi	☐
Schere	☐	Comics	☐	Anspitzer	☐
Spielkarten	☐	Ersatzfüller	☐	Kleber	☐

Nimm alles vom Schreibtisch runter, was du nicht unmittelbar zum Lernen brauchst und räume es woanders hin. Sicherlich hast du genügend Fächer und Schubladen in denen du deine Spielsachen verwahren kannst. Die Sachen, die du zum Lernen brauchst, solltest du von deinem Stuhl aus gut erreichen können. Sie sollten außerdem immer auf demselben Platz liegen, damit du sie sofort findest, wenn du sie brauchst. Außerdem brauchst du einen Becher oder ein Kästchen für deine Stifte und einen Stehsammler für deine Hefte.

Ob du's glaubst oder nicht: Auch eine Eieruhr auf dem Schreibtisch ist sehr nützlich. Warum das so ist, erfährst du später.

Probiere es aus. Wie ordentlich ist dein Schreibtisch?
Verbinde deine Augen. Findest du auf Anhieb deine Schere, dein Radiergummi, dein Lineal?

Tipp: Schlage deine Hefte und Bücher bunt ein. Kaufe bunte Ordner und Mappen. Wähle für jedes Fach eine andere Farbe.

Welche Farbe passt zu welchem Fach?

Deutsch: _____

Mathe: _____

Englisch: _____

Geschichte: _____

Bio: _____

Erdkunde: _____

Musik: _____

Kopiere oder male den Stundenplan der folgenden Seite ab, fülle ihn aus und hänge ihn über deinem Schreibtisch auf. Male die einzelnen Fächer in den Farben aus, die die Umschläge der Hefte und Bücher bzw. die Ordner und Mappen haben. Dann weißt du, wenn du abends den Ranzen für den nächsten Tag packst, auf einen Blick, welche Hefte und Bücher du einpacken musst und hast immer alles dabei.

Mein Stundenplan

Zeit	Montag	Dienstag	Mittwoch	Donnerstag	Freitag
8:00 –					

Nicht nur dein Schreibtisch sollte aufgeräumt sein, sondern auch dein Ranzen. Natürlich darfst du ein Kartenspiel, ein Springseil oder ein Gummitwist mit in die Schule nehmen, wenn du in der Pause damit spielen willst. Ansonsten hat Spielzeug im Ranzen aber nichts verloren.

Hausaufgaben

Dein Hausaufgabenheft musst du ordentlich führen. Wie machst du das?

Trage alle Hausaufgaben von einem Tag auf jeweils einer Heftseite ein. Ganz oben auf der Seite steht das Datum. Lass zwischen den Eintragungen jeweils ein bis zwei Leerzeilen. Besonders übersichtlich werden deine Eintragungen, wenn du mit farbigen Stiften schreibst. Benutze für jedes Fach die Farbe, in der auch die Hefte und Bücher eingeschlagen sind.

Trage hier deine Hausaufgaben für heute ein.

_____

_____

_____

_____

_____

_____

_____

Kennst du das? Du sitzt vor deinem Schreibtisch und willst Hausaufgaben machen. „Was hatten wir eigentlich auf?", fragst du dich. Du schaust aus dem Fenster. Nach ein paar Minuten stehst du auf und holst dir etwas zu trinken. Gedankenversunken nippst du an deinem Saft. Dann stehst du auf und holst etwas zu essen. Und schon ist wieder ein Nachmittag vorbei. Am Ende bleibt gar keine Zeit mehr zum Spielen, Lesen oder Musik hören ...

Wenn dir das bekannt vorkommt, musst du lernen, deine Zeit besser einzuteilen. Das ist gar nicht so schwer. So trainierst du erfolgreiches Zeit-Management:

- Schau im Hausaufgabenheft nach, welche Hausaufgaben heute anstehen. Vergleiche dein Hausaufgabenheft mit deinem Stundenplan. Hast du auch alles aufgeschrieben? Wenn du unsicher bist, rufe einen Freund/eine Freundin an und frage nach.
- Schätze für jedes Fach ein, wie lange du wohl brauchen wirst. Schätze die Zeit nicht zu kurz ein, denn dann setzt du dich unnötig unter Druck. Schätze sie aber auch nicht zu lang ein, damit du nicht trödelst.
- Stelle die Eieruhr auf deinem Schreibtisch auf die Zeit ein, die du festgelegt hast.
- Wie weit bist du mit der Aufgabe, wenn der Wecker klingelt? Fertig? Überlege, warum du wohl schneller warst, als du geglaubt hast, oder warum du länger brauchst.
- Trage deine Ergebnisse in eine Liste ein. Wenn du eine solche Liste eine Weile führst, dann kannst du gut selbst einschätzen, wie lange du für welche Aufgaben brauchen wirst.
- Lege schließlich für jeden Tag eine feste Hausaufgabenzeit fest.

Übrigens: Du solltest zwischendurch immer wieder eine Pause machen. Denn niemand kann über längere Zeit lernen, ohne sich zwischendurch auszuruhen. Für die Pausen solltest du dir etwas vornehmen, was dir richtig Spaß macht.

Was könntest du in einer Pause machen?

_____

Analysiere dein Zeitmanagement:

Fach _____

Aufgabe _____

Wie lange werde ich ungefähr brauchen? _____ Minuten

Wie lange habe ich tatsächlich gebraucht? _____ Minuten

Habe ich mehr oder weniger Zeit gebraucht? _____

Warum habe ich mehr oder weniger Zeit gebraucht?

Lernpausen

Fernsehen und Computerspiele sind als Pausenbeschäftigung nicht so geeignet, denn auch dabei musst du dich konzentrieren und du ruhst dich nicht wirklich aus. Klug ist es, wenn du mit kurzen Pausen (ca. 5 Minuten) beginnst. Später dürfen die Pausen länger sein (bis ca. 15 Minuten). Wenn du dich aber zu lange ausruhst, hast du nachher keine Lust mehr weiterzuarbeiten. Stelle am besten die Eieruhr, damit du dich rechtzeitig wieder an den Schreibtisch setzt.

Nun kannst du dir einen richtigen Hausaufgabenplan machen. Du musst nur noch wissen, wann du die Hausaufgaben machen sollst. Und das hängt ganz von dir ab.

Beobachte dich selbst: Wann kannst du dich besonders gut konzentrieren? Wann klappt es nicht so gut? Analysiere deine Lernzeiten und kreuze in der Tabelle auf der folgenden Seite an, zu welcher Uhrzeit du dich am besten konzentrieren kannst.

Hinweis: Du erkennst deine besten Lernzeiten daran, dass du zu diesen Uhrzeiten Kreuze bei *sehr gut* und *gut* gesetzt hast.

Meine Lernzeiten:

Uhrzeit	Sehr gut	Gut	Mittel	Schlecht
8:00				
9:00				
10:00				
11:00				
12:00				
13:00				
14:00				
15:00				
16:00				
17:00				
18:00				
19:00				
20:00				

Fasse zusammen: Meine besten Lernzeiten sind von _____Uhr bis _____Uhr und von _____Uhr bis _____ Uhr.

Zum Schluss noch ein paar Tipps:

- *Beginne mit einer leichten Aufgabe:* Ähnlich wie ein Sportler sich vor einem Wettkampf erst einmal aufwärmen muss, muss auch dein Gehirn nach dem Mittagessen erst mal richtig in Fahrt kommen. Außerdem hast du mehr Lust, weiterzumachen, wenn der Aufgabenberg schnell schwindet, als wenn du gleich zu Anfang bei einer schweren Aufgabe hängen bleibst.

- *Vermeide Ähnlichkeitshemmungen:* Du behältst den Lernstoff besser, wenn du ähnliche Dinge nicht gemischt oder nacheinander lernst, sondern mit zeitlichem Abstand. Das gilt für Wörter, die auf *d* oder *t* enden genauso wie für englische und französische Vokabeln.

- *Lerne häppchenweise:* Das gilt vor allen Dingen für Vokabeln. Wenn du zu viele auf einmal lernst, wirst du die meisten wieder vergessen. Wenn du bis morgen 30 Vokabeln lernen sollst, dann teile sie in fünf Päckchen auf und lerne sie über den Nachmittag verteilt.

- *Wechsele mündliche und schriftliche Aufgaben ab:* Auch das hält fit: Erst den Aufsatz schreiben, dann die Geschichte lesen, dann die Matheaufgabe rechnen, dann die Englischvokabeln lernen.

Hausaufgabenplan für _____

Datum:_____

Fach/Pause	Aufgabe/Pause	wie lange	geschafft!

Tipp: Erledige die Hausaufgaben am besten sofort. Je früher du sie machst, desto besser ist der Unterricht noch in Erinnerung und desto leichter fallen sie dir. Am Tag, bevor ihr die Aufgaben in der Schule besprecht, solltest du dir die fertigen Hausaufgaben noch einmal ansehen, damit du sie im Unterricht nicht ganz vergessen hast.

Klassenarbeiten

Auch für Klassenarbeiten kannst du leichter lernen, wenn du dabei planvoll vorgehst. Wichtig ist, dass du nicht am letzten Tag vor der Klassenarbeit den ganzen Stoff wiederholst. Versuche besser gleich an dem Tag mit den Vorbereitungen zu beginnen, an dem dein Lehrer/deine Lehrerin die Klassenarbeit ankündigt. Dann musst du jeden Tag nur ein bisschen lernen und kannst dir den Stoff viel besser einprägen. Ein Klassenarbeitsplaner kann dir dabei helfen.

Den Klassenarbeitsplaner erstellst du an dem Tag, wenn dein Lehrer/deine Lehrerin die Klassenarbeit ankündigt. Überlege, was in der Klassenarbeit drankommt. Verteile dann den Lernstoff in kleinen Päckchen auf die Tage, die noch bis zur Klassenarbeit bleiben. Überlege dir, wer dir beim Lernen helfen könnte. Überlege auch, ob du mit einem Freund/einer Freundin zusammen lernen willst.

So könnte dein Klassenarbeitsplaner z. B. aussehen:
- Art der Arbeit: Mathematikarbeit
- Thema: Bruchrechnung: Addition und Subtraktion
- Datum: 5.4.2008
- Anzahl der Tage, die ich zum Lernen brauche: 7 Tage

Klassenarbeitsplaner – Wann lerne ich was?

Datum	Was lerne ich?	Zeit
Do., 29.3	Primfaktorenzerlegung	15:00 – 15:30
Fr., 30.3	Kleinstes gemeinsames Vielfaches	15:30 – 16:00
Sa., 31.3.	Addieren von Brüchen mit gleichem Nenner	14:00 – 14:30
So., 1.4.	Addieren von Brüchen mit verschiedenem Nenner	10:00 – 10:45
Mo.,2.4.	Subtrahieren von Brüchen mit gleichem Nenner	15:00 – 15:30
Di., 3.4.	Subtrahieren von Brüchen mit verschiedenem Nenner	16:30 – 17:00
Mi., 4.4.	Wiederholung	15:00 – 16:00

Ich lerne zusammen mit: Max, Sabine, Papa.

Erstelle einen Klassenarbeitsplaner für deine nächste Klassenarbeit.

Art der Arbeit:_____

Thema: _____

Datum: _____

Anzahl der Tage, die ich zum Lernen brauche: _____Tage

Klassenarbeitsplaner – Wann lerne ich was?

Datum	Was lerne ich?	Zeit

Ich lerne zusammen mit _____

Übrigens: Die Lernzeiten für die Klassenarbeiten solltest du fest in deinen Hausaufgabenplan mit einplanen. Achte darauf realistisch zu planen. Du solltest dir nicht zu viel für einen Tag vornehmen. Verteile Hausaufgaben und Übungen sinnvoll auf die Tage.

Konzentration – von Killern und Pushern

Konzentrationskiller sind alle Störungen, die dich beim Lernen, beim Erledigen der Hausaufgaben, bei der Vorbereitung von Klassenarbeiten usw. ablenken. Man unterscheidet zwischen äußeren und inneren Konzentrationskillern. Äußere Konzentrationskiller sind z. B. Fernsehlärm, Lärm von draußen, Geschwister, Haustiere, ein klingelndes Telefon oder ein Handy usw. Mit den meisten dieser Konzentrationskiller kann man fertig werden. Man stellt Handy und Fernseher ab und Geschwister und Haustiere schickt man aus dem Zimmer. Innere Konzentrationskiller sind Müdigkeit, Hunger, Durst, Bewegungsmangel, Krankheit, Nervosität, störende Gedanken usw. Manche dieser Konzentrationskiller kannst du auch beseitigen. Achte darauf, dass du ausreichend schläfst, dass du dich gesund ernährst, dass du ausreichend Sport treibst und beim Arbeiten immer ein Glas Wasser oder Schorle oder einen Becher Tee in Griffweite hast. Achte darauf, dass du genügend Pausen machst. Andere Konzentrationskiller kriegt man schwerer in den Griff – z. B. störende Gedanken oder Krankheit.

Was sind deine persönlichen Konzentrationskiller?
Überlege zunächst, welche Konzentrationskiller dich beim Arbeiten stören. Trage sie auf der folgenden Seite in die Tabelle ein. Unterscheide zwischen inneren und äußeren Konzentrationskillern. Überlege, wann sie kommen und was du dagegen tun kannst.

Achtung: Konzentrationskiller

Konzentrationskiller		Wann kommen sie?	Was kann ich gegen die Konzentrationskiller tun und mich wieder besser konzentrieren?
äußere	innere		

Tipps gegen Konzentrationskiller:

Tipp 1: Gesunde Ernährung

Kreuze an: Wovon muss man viel essen?

Pommes	b	☐	Obst	g	☐	Kartoffeln	n	☐
Vollkornbrot	t	☐	Gemüse	n	☐	Chips	p	☐
Reis	u	☐	Gummibärchen	r	☐	Fisch	d	☐
Joghurt	u	☐	Quark	e	☐	Eier	i	☐
Fleisch	f	☐	Flips	j	☐	Nudeln	d	☐
Schokoriegel	y	☐	Lollies	w	☐	Milch	s	☐

Bringe die Buchstaben, die hinter den gesunden Nahrungsmitteln stehen, in die richtige Reihenfolge. Dann bekommst du drei Lösungswörter: _ _ _ _ _ _   _ _ _   _ _ _

Wer gesund bleiben will, muss sich an die Ernährungspyramide halten. Die Ernährungspyramide zeigt, wovon man viel essen muss und wovon der Körper weniger braucht. Die Ernährungspyramide ist ein Dreieck. Im unteren Teil des Dreiecks werden die Dinge aufgelistet, von denen wir viel brauchen. Die Spitze bilden Nahrungsmittel, von denen der Körper nur wenig braucht. Natürlich musst du nicht ganz darauf verzichten. Achte aber darauf, dass du nicht zu oft zugreifst.

Weißt du, was der Körper am meisten braucht? Getränke! 2 Liter soll man am Tag trinken. Das sind ungefähr 10 Becher. Male auf einem Extrablatt einmal 10 Becher auf – dann hast du eine Vorstellung, wie viel das ist.

Welche Getränke sind gesund?

_____

_____

Manche Getränke schmecken zwar gut, sind aber nicht so gesund. Welche sind das? Weißt du auch, warum du sie nicht so oft trinken solltest?

_____

_____

_____

In einem Glas Limo oder Cola sind ungefähr 18 Zuckerwürfel. Limo oder Cola zählen deshalb in der Ernährungspyramide als Süßigkeiten und nicht als Getränke. Sie sind manchmal erlaubt – aber für gewöhnlich solltest du etwas anderes trinken.

Die zweite Stufe in der Ernährungspyramide bilden Getreideprodukte. Am besten sind Vollkornprodukte, denn Vollkornmehl hat viel mehr Vitamine als weißes Mehl.

Welche Getreidesorten kennst du?

_____

_____

_____

Was wird alles aus Getreide hergestellt?

_____

_____

_____

Es gibt nicht nur Vollkornbrot und Vollkornkuchen, sondern auch Vollkornreis und Vollkornnudeln. Die sind nicht nur gesund, sondern schmecken auch prima. Versuche, täglich drei Portionen Vollkornprodukte zu essen (ungefähr 250 Gramm).

Die nächste Stufe in der Ernährungspyramide bilden Obst und Gemüse. Auch davon musst du viel essen: fünf Portionen am Tag – zweimal Obst und drei Gemüseportionen. Wenn du mehr essen magst – umso besser. Das Gemüse kannst du gekocht oder roh essen – ganz wie du magst. Eine Portion ist soviel, wie in deine Hand passt.

➤ Welche Obst- und Gemüsesorten schmecken dir besonders gut?

_____

_____

➤ Was ist nicht so lecker?

_____

_____

Die nächste Stufe in der Ernährungspyramide bilden tierische Eiweiße. Auch davon gibt es reichlich: Drei Portionen Milch oder Milchprodukte; außerdem eine Portion Fleisch, Fisch, Wurst oder ein Ei.

➤ Was zählt alles zu den Milchprodukten?

_____

_____

_____

_____

Die nächste Stufe der Ernährungspyramide bilden Fette und Öle. Ein bisschen Fett braucht der Körper. Manche Vitamine kann er nämlich ohne Fett gar nicht aufschließen. Dazu gehört z. B. Vitamin A. Deshalb solltest du gekochte Karotten immer mit ein wenig Butter, Karottensalat immer mit etwas Öl essen. Zu viel Fett ist aber ungesund. Zwei Portionen Fett am Tag reichen – das sind insgesamt zwei Esslöffel Butter oder Öl.

✏️▷ Was steht wohl an der Spitze der Ernährungspyramide?

_____

_____

Süßigkeiten sind lecker – aber leider nicht so gesund. Du darfst natürlich Süßigkeiten essen – nur musst du aufpassen, dass es nicht zu viele werden. Eine Portion am Tag – ein Schokoriegel, ein paar Gummibärchen, eine Cola oder eine Limo – darfst du dir aber gönnen.

✏️▷ Zeichne die Ernährungspyramide:

Tipp 2: Bewegung

Gesunde Ernährung ist nicht alles. Mindestens genauso wichtig ist, dass du dich viel bewegst. Rund zwei Stunden täglich solltest du aktiv sein. Deshalb gibt es nicht nur eine Ernährungspyramide; es gibt auch eine Kinder-Bewegungs-Pyramide:

Bewegung im Alltag: Den Sockel der Pyramide bilden alltägliche Aktivitäten wie z.B. Treppensteigen, zu Fuß zur Schule gehen, Fahrradfahren, im Haushalt helfen oder den Hund Gassi führen. Das ist nicht anstrengend, hält dich aber dennoch in Bewegung.

Was fällt dir noch ein?

_____

_____

_____

Du sollst nach Möglichkeit über den Tag verteilt sechsmal 5 bis 10 Minuten am Tag im Alltag aktiv sein. Am besten, du schaffst noch mehr.

Bewegung in der Freizeit: Im Mittelfeld der Pyramide stehen Spiele, die du in deiner Freizeit oder auf dem Schulhof spielen kannst. Dazu gehört z.B. Toben (am besten an der frischen Luft), Fangen und Verstecken spielen, Fahrradfahren, Inlineskaten ...

Was fällt dir noch ein?

_____

_____

_____

Spielen und Toben macht immer Spaß. Auf dem Schulhof, im Garten, im Park und in der Wohnung. Im Folgenden wollen wir dir ein paar Spiele vorstellen. Es sind ein paar richtige Tobespiele dabei, aber auch ruhige Spiele, die du in den Lernpausen in der Wohnung spielen kannst – auch dann, wenn du empfindliche Nachbarn hast.

Weckerjagd
Für dieses Spiel brauchst du einen Mitspieler (z. B. Freund, Freundin oder Geschwisterkind) und eine Eieruhr. Du kannst die von deinem Schreibtisch nehmen. Einer von euch ist der Weckerdieb. Der versteckt die Uhr. Der andere muss die Uhr suchen. Aber beeilen muss er sich schon, denn die Uhr ist natürlich eingestellt – auf 5 Minuten. Und bevor sie klingelt, muss sie gefunden sein.

Wäscheklammerspiel
Jeder Spieler steckt sich drei Wäscheklammern an die Kleidung. Dann laufen alle quer durch den Raum oder das abgesteckte Feld. Jeder muss versuchen, den anderen möglichst viele Wäscheklammern abzunehmen und an die eigene Kleidung zu stecken.

Luftballontennis
Für dieses Spiel braucht jeder Spieler eine Fliegenklatsche (die gibt es für wenig Geld in jedem Drogeriemarkt) und einen Luftballon. Ziel ist es, den Luftballon mit der Fliegenklatsche ins gegnerische Feld zu schlagen. Du darfst den Ballon mehrfach berühren.
Übrigens: Auch wenn du allein bist, kannst du mit Luftballon und Fliegenklatsche spielen. Du schlägst den Ballon mit der Fliegenklatsche in die Luft und passt auf, dass er nicht den Boden berührt.

Schubkarre fahren
Das Spiel ist ein Klassiker, aber immer wieder schön: Ein Kind „schiebt“ das andere als „Schubkarre“ auf den Händen über die Wiese, oder durch die Wohnung, indem es die Beine des Partners festhält. Natürlich könnt ihr auch Hindernisse aufbauen. Das ist übrigens reichlich anstrengend – deshalb darf auch jederzeit getauscht werden.

Ball unter die Schnur
Ball über die Schnur kennst du sicher aus der Schule. Aber kennst du auch Ball unter die Schnur? Dabei musst du den Ball unter einer tief gespannten Schnur (80cm Höhe) ins gegnerische Feld werfen – nach Möglichkeit so, dass es für deinen Partner schwer ist, ihn aufzufangen. Wenn dein Partner den Ball nicht fangen kann, gibt es einen Punkt für dich. Wer am Schluss die meisten Punkte hat, hat gewonnen.

Du sollst über den Tag verteilt möglichst viermal eine Viertelstunde toben und spielen. Besser ist natürlich, wenn du noch mehr schaffst.

Bewegung beim Sport: Gemeint ist der eigentliche Sport in der Schule oder im Verein wie z.B. Fußball, Handball, Basketball, Hockey, Tennis oder Leichtathletik.

Was fällt dir noch ein?

_____

_____

_____

Richtig klasse ist es, wenn du zweimal am Tag für 15 Minuten richtig ins Schwitzen kommst – durch Sport. Oder schaffst du mehr?

Und was sollst du wohl nicht so oft tun?

_____

_____

_____

Ordne die folgenden Aktivitäten in die Bewegungspyramide ein:

Schwimmen, Gummitwist, Staub saugen, Tischtennis, schaukeln, spazieren gehen, turnen, Judo, Tisch abdecken, Roller fahren, Zimmer aufräumen, klettern, Einrad fahren, fegen, Geschirr spülen.

Alltag	Freizeit	Sport

Zeichne die Bewegungspyramide:

Tipp 3: Ausreichend schlafen

Weißt du, wie lange du schlafen solltest?

Wenn du 5 bis 6 Jahre alt bist: 11 bis 12 Stunden
Wenn du 7 bis 9 Jahre alt bist: 10 bis 11 Stunden
Wenn du 10 bis 14 Jahre alt bist: 9 bis 10 Stunden
Wenn du 15 bis 17 Jahre alt bist: 8 bis 9 Stunden

Natürlich sind das nur Durchschnittswerte. Es kann gut sein, dass du mit weniger Schlaf auskommst als die meisten Kinder in deinem Alter. Es kann aber auch sein, dass du mehr Schlaf brauchst.

✏️ Wie alt bist du? _____ Jahre.

✏️ Wie lange schläfst du nachts (ungefähr)? _____ Stunden

✏️ Was meinst du: Wie viel Schlaf brauchst du? _____ Stunden.

✏️ Wenn du weniger Schlaf bekommst, als du eigentlich brauchst: Was kannst du tun, um mehr zu schlafen?

_____

_____

_____

_____

Darauf solltest du achten:

- Besprich Probleme, Sorgen und andere wichtige Dinge nicht unmittelbar vor dem Schlafengehen.
- Vermeide vor dem Schlafengehen aufregende Dinge wie Toben, Fernsehen oder spannende Computerspiele.
- Wenn du in der Pubertät bist, brauchst du mehr Schlaf. Das liegt daran, dass du in dieser Zeit viel wächst und dich entwickelst. Das ist für deinen Körper anstrengender, als du glaubst.

Tipp 4: Die Gedankenbox

Das kennst du sicher auch: Du willst eigentlich Hausaufgaben machen. Aber da ist ja dieses Fußballspiel am Wochenende, das ihr unbedingt gewinnen müsst. Dann bist du mit deinen Kumpels fürs Kino verabredet und über ein Geschenk für deine Oma zum Geburtstag musst du auch noch nachdenken. Du musst über tausend wichtige Sachen nachdenken – wie sollst du dich da auf die Hausaufgaben konzentrieren?

Wenn es so ist, solltest du dir eine Gedankenbox zulegen. Du kannst z. B. einen Schuhkarton anmalen oder bunt bekleben.

Du kannst natürlich auch eine Schachtel kaufen. Die Schachtel stellst du dann auf deinen Schreibtisch. Wann immer du an etwas anderes denken musst als an deine Hausaufgaben, schreibst du den Gedanken auf einen Zettel und wirfst ihn in die Gedankenbox. Damit ist der Gedanke aus dem Kopf und du kannst weiterlernen. Wenn du dann mit den Schulaufgaben fertig bist, hast du nichts vergessen. Du kannst dann deine Gedankenbox öffnen und dich all den Gedanken widmen, die auf den Zetteln stehen.

Manchmal gibt es aber auch Gedanken, die man trotz Gedankenbox nicht aus dem Kopf bekommt. Dazu gehören Streitereien mit Freunden, Eltern oder Geschwistern. Vielleicht hast du auch Ärger in der Schule. Solche Probleme solltest du nicht auf die lange Bank schieben. Sprich mit deinen Eltern darüber oder versuche, dich zu vertragen, bevor du mit den Hausaufgaben anfängst.

Tipp 5: Entspannungsübungen

Dass du beim Lernen öfter mal eine Pause machen musst, weißt du ja schon. Aber was kannst du in den Pausen tun? Du kannst toben oder spazieren gehen, Rad fahren, Musik hören, etwas essen oder trinken, ein spannendes Buch lesen, oder du kannst gezielt entspannen. Es gibt viele verschiedene Entspannungsübungen. Probiere sie aus. Welche gefällt dir am besten?

Übrigens: Viele Entspannungsübungen sind eine prima Medizin gegen störende Gedanken.

Tipp: Achte beim Entspannen darauf, dass du nicht gestört wirst. In deinem Zimmer sollte es ruhig sein. Das Zimmer sollte angenehm warm und gut gelüftet sein. Wenn du magst, spiele eine CD mit Entspannungsmusik ab. Die findest du in jedem Kaufhaus.

- *Atem beobachten:* Setze dich locker und bequem hin und schließe die Augen. Lege beide Hände auf den Bauch, rechts und links neben den Bauchnabel. Beobachte, wie der Atem im Bauch ankommt und wie sich die Bauchdecke im Rhythmus des Atmens hebt und senkt. Lege nun deine Hände auf die unteren Rippenbögen und achte darauf, wie sich der Brustkorb beim Einatmen weitet und beim Ausatmen zurückgeht. Lege nun die Hände auf den oberen Brustkorb unterhalb des Schlüsselbeins. Spüre wieder mit deinen Händen, wie der Atem in deinen Körper ein- und wieder ausströmt. Zum Abschluss legst du deine Hände wieder auf den Bauch und atmest dorthin, wo die Hände liegen.

- *Von oben nach unten:* Setze dich bequem hin und atme ruhig. Ziehe nun beim Einatmen die Schulter hoch und lasse sie beim Ausatmen wieder sinken. Noch einmal. Schließe dann die Augen. Stelle dir nun vor, du bist eine Sanduhr. In der Sanduhr ist bunter Sand – die vielen Gedanken in deinem Kopf. Genau so, wie der bunte Sand in der Sanduhr von oben nach unten fließt, fließen nun auch deine unruhigen Gedanken aus deinem Kopf nach unten weg. Dein Kopf wird wieder klar.

- *Wünsche:* Für dieses Spiel brauchst du jemanden zum Mitmachen. Lege dich auf den Boden. Dein Partner (Freund, Freundin oder Geschwisterkind) kniet neben dir. Nun darfst du dir eine schöne Berührung wünschen (z. B. Rücken massieren, Nacken streicheln, ...), die dein Partner ausführt. Anschließend wird gewechselt.

- *Die Kerze:* Diese Übung darfst du nur dann machen, wenn ein Erwachsener im Raum ist. Nimm eine Kerze, stelle sie auf den Tisch und zünde sie vorsichtig an. Setze dich in sicherem Abstand zu der Kerze und betrachte in Ruhe das warme Licht der Flamme. Atme dabei ganz ruhig und regelmäßig und lasse die funkelnden Strahlen des Kerzenlichts auf dich einwirken. Schließe nach einer Weile die Augen und atme ruhig weiter. Versuche dir nun vorzustellen, dass du die Kraft dieses Lichts beim Einatmen in dich aufnimmst und dass beim Ausatmen alles, was dich ärgert oder worüber du dir Sorgen machst, aus dir herausströmt. Bald kannst du fühlen, wie dir das Licht der brennenden Kerze hilft, dich von schlechten Stimmungen und Gefühlen zu befreien.

- *Wie klingt die Stille?:* Wenn es still ist, ist eigentlich nichts zu hören. Oder doch? Du wirst staunen, wie viele verschiedene Geräusche auch in der Stille zu dir durchdringen! Setze dich bequem hin und atme ruhig. Jetzt höre genau hin: Welche Stimmen und Geräusche kannst du hören? Welche Geräusche kommen aus dem Raum, in dem du jetzt sitzt? Und nun konzentriere dich auf deinen Atem, wie er kommt und geht. Das Einatmen hört sich etwas anders an als das Ausatmen. Höre deinem Atem zu.

- *Boot auf dem Wasser:* Dieses Spiel musst du mit mehreren Kindern spielen (z. B. im Hort). Mehrer Kinder legen sich nebeneinander auf den Boden. Einer von euch legt sich mit dem Rücken quer über die Rücken der anderen und schließt die Augen. Die Kinder schaukeln nun das „Boot" langsam hin und her.

Vokabeln lernen

Ob Englisch, Französisch, Spanisch oder Latein: Wer in der Schule eine Sprache lernt, muss Vokabeln pauken. Das macht vielleicht keinen Spaß – ist aber nötig. Wie willst du dich in einer anderen Sprache unterhalten, wie willst du Bücher oder Zeitungen lesen, wenn du die Wörter nicht kennst?

Vokabeln lernst du am besten so:

- Teile die Vokabeln, die du lernen musst, in Blöcke auf. Du solltest nicht mehr als sechs oder sieben Vokabeln auf einmal lernen.
- Lerne den ersten Vokabelblock. Stelle dir die Vokabel möglichst intensiv vor: Wofür steht sie? Für einen Gegenstand, für eine Handlung? Wie spricht man sie aus? Lass dir für jede Vokabel etwa eine Minute Zeit.
- Wenn du die ersten Vokabeln gelernt hast, solltest du zunächst etwas anderes tun. Eine Pause machen, einen Aufsatz schreiben, ein paar Matheaufgaben lösen ...
- Lerne anschließend den nächsten Vokabelblock. Mache anschließend wieder etwas anderes. Mache so weiter, bis du alle Vokabeln gelernt hast.

Übrigens: Es macht keinen Sinn, mehr als 30 Vokabeln am Tag zu lernen. Dein Gedächtnis kann sich schwer so viele Vokabeln auf einmal merken und du vergisst sie dann ganz schnell wieder.

Lernen mit dem Karteikasten

Vokabeln lernt man am besten mit dem Karteikasten: Den (und die dazugehörigen Kartei-karten) kannst du in jedem Schreibwarengeschäft kaufen. Besorge dir am besten einen Kar-teikasten mit vier Trennscheiben.

Schreibe auf die Vorderseite der Karteikarte das deutsche und auf die Rückseite das eng-lische, französische, spanische Wort. Achte darauf, dass du keine Rechtschreibfehler machst – damit du die nicht mitlernst. Lass deine Eltern, Geschwister oder Freunde die Karten überprüfen.

Bei Vokabeln ist es wichtig, nicht nur die Vokabel aufzuschreiben, sondern am besten auch einen Satz, in dem das Wort vorkommt.

Mit den Karteikarten kannst du dich selbst abfragen. Und das machst du so:

- Nimm eine Karte aus dem Karteikasten.
- Lies das deutsche Wort.
- Überlege: Wie heißt das englische/französische/spanische Wort?
- Finde einen Beispielsatz in dem das Wort vorkommt.
- Vergleiche deine Antwort mit der Lösung auf der Karte.
- Ist die Antwort richtig? Dann kannst du die Karte ablegen. Ist sie falsch, so stecke die Karte zurück in den Karteikasten und frage dich später noch einmal ab.

Hinweis: Bei lateinischen Vokabeln liest du zuerst das lateinische Wort und übersetzt dann in Deutsche.

Du allein entscheidest, wie lange du für die Antwort überlegen möchtest und du allein überprüfst, ob du eine richtige Antwort gegeben hast.
Versuche dir die folgenden Vokabeln mit dem Karteikartensystem einzuprägen.
    Für die Vokabeln haben wir eine Sprache ausgewählt, die du garantiert nicht kennst: Elbisch. Elbisch gibt es eigentlich auch gar nicht. Der Schriftsteller und Sprachwissenschaftler J. R. R. Tolkien („Der Herr der Ringe") hat sie sich ausgedacht. Elbisch ist die Sprache der Elben. Elben sind elfenartige Wesen.

Übrigens: Für diese Vokabeln brauchst du keine Merksätze zu bilden.

anna	Geschenk	fana	Schleier
andon	Tor	hini	Kind
cemen	Erde/Boden	Isil	Mond
cotumo	Feind	lirulin	Lerche
ecco	Speer	macil	Schwert
esse	Name	nelle	Bach

Das klappt doch prima, oder?

Und so machst du weiter:

Alle neuen Kärtchen kommen in den ersten Kasten. Am nächsten Tag kontrollierst du: Kannst du die Vokabeln noch? Alle Vokabeln, die du nicht mehr weißt, bleiben im ersten Fach; die Vokabeln, die du noch kennst, wandern in das zweite Fach.

Das zweite Kästchen kontrollierst du erst, wenn es fast voll ist. Dann gilt: Die Vokabeln, an die du dich nicht mehr erinnerst, wandern zurück in den ersten Kasten; die Vokabeln, die du noch kennst, gehen in Kasten 3.

Die anderen Kästen bearbeitest du ebenfalls erst dann, wenn sie fast voll sind. Auch dann gilt: Die Vokabeln die du nicht mehr kannst, gehen in Fach 1; die an die du dich erinnerst, wandern einen Kasten weiter.

Wenn du Wörter aus Kasten 5 noch kennst, legst du sie in einem Extra-Karton ab.

Vokabeln in Kasten 1 musst du jeden Tag wiederholen.

Die Fächer in deinem Karteikasten sollten unterschiedlich groß sein. In Fach 1 sollten nur ganz wenige Kärtchen hineinpassen, die hinteren Fächer sollten immer größer werden. Weil du jedes Fach (nur das erste nicht) immer nur dann wiederholst, wenn es voll ist, werden die Zeitabstände immer länger, in denen du deine Vokabeln wiederholst. Dadurch wiederholst du den Vokabelteil auf den Kärtchen immer dann, wenn du dich nicht mehr so gut an ihn erinnerst.

Übrigens: Die Elbisch-Vokabeln brauchst du natürlich nicht weiter zu lernen.

Tipp: Mit dem Karteikasten kannst du nicht nur Vokabeln lernen, sondern auch Fakten (z. B. Geschichte, Biologie, Erdkunde etc.) Dann schreibst du auf die Vorderseite der Karteikarte eine Frage und auf die Rückseite die Antwort. Das kann dann etwa so aussehen:

Wer begründete das römische Kaiserreich?

Gaius Julius Caesar

Genauso kannst du mathematische Formeln mit Karteikarten lernen:

Wie lautet der Satz des Pythagoras?

$a^2 + b^2 = c^2$

Tipp: Wenn du gerne mit Karteikarten arbeitest, kaufe am besten verschiedenfarbige Karten – für jedes Fach in der Farbe, in der auch die Hefte und Bücher eingeschlagen sind.

Und noch ein Tipp zum Vokabeln-Lernen: Bilde Eselsbrücken.
Auch für das Vokabellernen solltest du fantasievoll vorgehen. Sprich die fremdsprachige Vokabel einmal deutsch aus, und stelle dazu – je verrückter, desto besser! – eine Gedankenverbindung her. Zum Schluss verbindest du dieses Bild mit der Bedeutung der Vokabel.

Beispiele Englisch:

- Kamingitter – *grate* – Fischgräte (Im Kamingitter steckt eine Gräte.)
- Herde – *flock* – Pflock (Die Schafherde ist an einen Pflock gebunden.)
- wachsen, werden – grow – grau (Grüne Pflänzchen werden beim Wachsen immer mehr grau.)
- Blitz – *flash* – Flasche (Auf einem Fabrikdach ist als Werbung eine große Sektflasche angebracht. Ein Blitz schlägt ein und die Flasche zerspringt in tausend Scherben.)
- Ziegel – *brick* – Brikett (Ein Haus wird nicht mit Ziegelsteinen gebaut, sondern mit Briketts.)
- Trödler – *broker* – zerbrochen (Der Trödler auf dem Markt verkauft nur zerbrochene Sachen.)

Überlege Eselsbrücken für drei Elbisch-Vokabeln deiner Wahl.

_____

_____

_____

Lerne deine Vokabeln mit allen Sinnen. Lies die Wörter leise und laut. Schreibe sie auf eine Karteikarte. Stelle dir ein Bild zu den neuen Wörtern vor und male es. Stelle pantomimisch dar oder modelliere aus Knetmasse, was die Vokabel bedeutet.

Regeln lernen

Lies den folgenden Gedichtanfang laut.

Der Zipferlake (Lewis Caroll)

Verdaustig wars und glasse Wieben
rotterten gorkicht im Gemank;
gar elump war der Pluckerwank
und die gabben Schweisel frieben.

Hast du verstanden, worum es in dem Gedicht geht? Nein? Musst du auch nicht.

Unser Gehirn ist in der Lage, Dinge aufzunehmen, ohne sie zu verstehen. Du konntest z. B. das Gedicht laut vorlesen, ohne auch nur ein Wort zu verstehen. Genauso kannst du grammatische Regeln auswendig lernen, ohne zu verstehen, worum es eigentlich geht. Damit kannst du die Regel natürlich nicht.

Wenn du Grammatikregeln lernst, ist es sinnlos, sie nur auswendig zu lernen. Eine Grammatikregel zu kennen, bedeutet, sie mit eigenen Worten wiedergeben zu können.

So lernst du eine Grammatikregel sinnvoll:

1. Lies dir die Regel durch. Wie ist sie aufgebaut? Eine Regel enthält normalerweise:
   - eine Überschrift
   - einen Text, der besagt, wie die Regel gebraucht wird
   - Beispielsätze
   - Erläuterungen zu den Beispielsätzen
   - evtl. Hinweise auf Ausnahmen, Gefahr von Verwechslungen usw.

2. Versuche die Erklärung zu verstehen. Vielleicht kannst du sogar eine Skizze zeichnen. Lies die Beispielsätze laut und betone dabei, worauf es ankommt – in der Fremdsprache und in der deutschen Übersetzung.

3. Erfinde eigene Beispielsätze.

4. Wenn du die Regel verstanden hast, schreibe einen Beispielsatz auf ein großes Blatt Papier. Hänge das Papier an die Wand. Erkläre die Regel auswendig – am besten deinen Eltern, Geschwistern oder Freunden. Denn dann hast du gleich eine Rückmeldung, ob du verständlich erklärt hast und ob du die Regel verstanden hast. Und wenn du die Regel in der Schule an der Tafel erklären musst, hast du dafür schon geübt.

Und noch etwas solltest du beachten, wenn du grammatische Regeln lernst:
   - Lerne immer nur eine Regel zur Zeit. Sonst kommst du schnell durcheinander.

- Wenn du mehrere Regeln lernen sollst, lerne sie über den Tag verteilt und mache in der Zwischenzeit etwas anderes (rechne ein paar Matheaufgaben, lies einen Text für Geschichte, gönn dir eine Pause, ...).
- Lerne Ausnahmeregeln später am Tag.
- Lerne Regeln, die aus mehreren Teilen bestehen, nach Teilen getrennt zu verschiedenen Zeiten am Tag.

Die Regel für den unbestimmten Artikel im Englischen kennst du sicher schon. Gehe sie trotzdem noch einmal durch – mit der Methode, die wir dir vorgestellt haben. Dann kannst du die Methode sicher auch auf andere Regeln übertragen.

Ein oder *eine* sind unbestimmte Artikel. Im Englischen heißen sie *a* und *an*.

Vor einem Konsonanten (einem Mitlaut) *ball, pencil* steht *a*.
Vor einem Vokal (*a, e, i, o*, manchmal auch *u*) steht *an*.

a	*an*
Is that *a* ball?	No, it is *an* apple.
Here is *a* pencil.	And here is *an* exercise book.
That is *a* pencil-case.	Yes, it is *an* old pencil case.

Achtung: Die Aussprache und nicht die Schreibung entscheidet, ob *a* oder *an* steht. Es heißt *a unit*, obwohl *unit* mit einem *u* beginnt. Das liegt daran, dass man die Vokabel *unit* anders ausspricht als man sie schreibt – nämlich wie mit einem „j" davor.

Diktate vorbereiten

Diktate kannst du prima vorbereiten. Da gibt es viele verschiede Möglichkeiten.
Wenn du jemanden hast der mit dir übt, dann kannst du dir den Text diktieren lassen. Probiert doch einmal diese Methode:

- *Partnerdiktat:* Lass dir den Text von einem Partner (z.B. von deinem Freund, deiner Freundin, deiner Schwester oder deinem Bruder, ...) diktieren. Entscheidet vorab gemeinsam wie lang ein vorgelesener Abschnitt sein soll. Kannst du dir vier Wörter merken oder auch schon einen ganzen vorgelesenen Satz? Wenn der ganze Text von deinem Partner diktiert wurde und du fertig bist, lass dir den Text noch einmal ganz vorlesen und lies deinen geschriebenen Text mit – vielleicht entdeckst du noch ein fehlendes Wort oder einen kleinen Fehler, den du noch korrigieren kannst. Danach wechselt ihr und du diktierst deinem Partner den Text. Ganz zum Schluss könnt ihr dann beide eure Text mit dem Original vergleichen und eventuelle Fehler korrigieren.

Wenn du erst mal für dich allein lernen willst, probiere doch mal die folgenden Methoden:

- *Schleichdiktat:* Hänge den Diktattext irgendwo in deinem Zimmer an die Wand – möglichst weit weg von deinem Schreibtisch. Schleiche dich dann zu deinem Text und präge dir dort das erste Wort, die ersten Wörter oder gar den ersten Satz ein.

Trage ihn dann im Kopf an deinen Arbeitsplatz und schreibe ihn aus dem Gedächtnis auf. Verfahre genauso mit dem nächsten Wort/den nächsten Wörtern/dem nächsten Satz, bis du das Diktat zu Ende geschrieben hast. Wenn du fertig bist, vergleiche den Text, den du geschrieben hast, mit der Vorlage. Gehe den Text rückwärts Wort für Wort durch. Wenn dir das schwer fällt, benutze einen Leseanker. Das ist eine Karteikarte, aus der du ein rechtwinkliges Stück herausgeschnitten hast. Er hilft dir das zu überprüfende Wort Buchstabe für Buchstabe mit der Vorlage zu vergleichen. Wenn du ein Wort falsch geschrieben hast, musst du es korrigieren. Das tust du am besten mit einem andersfarbigen Stift.

- *Drehdiktat:* Besorge dir ein Heft und eine Klarsichtfolie. Klebe die Klarsichtfolie auf die Rückseite deines Heftes und lege dein Diktattext hinein. Lies den Diktattext Stück für Stück durch und schreibe immer den Teil, den du dir merken kannst, in das Heft. Verfahre so, bis du den Text zu Ende geschrieben hast. Am Ende musst du den Text korrigieren.

- *Dosendiktat*: Lies den Text aufmerksam durch und zerschneide ihn dann in Streifen. Die Streifen dürfen eine Zeile lang sein, aber auch kürzer. Lege die Streifen in der richtigen Reihenfolge vor dich auf den Tisch. Schaue dir den ersten Streifen aufmerksam an. Wirf ihn dann in eine Dose und schreibe ihn aus dem Kopf auf. Verfahre genauso mit den weiteren Streifen, bis du das Diktat zu Ende geschrieben hast.

Schreibe das folgende Gedicht als Schleichdiktat, Drehdiktat, Partnerdiktat und Dosendiktat.

Andacht (Unbekannter Verfasser)

Eine Wassermaus und eine Kröte
stiegen eines Abends spöte
einen steilen Berg hinan.
Sprach die Wassermaus zur Kröte:
„Warum gehst du abends spöte
einen steilen Berg hinan?"
Sprach zur Wassermaus die Kröte:

„Zum Genuss der Abendröte
geh' ich diesen Abend spöte
diesen steilen Berg hinan."

Dies ist ein Gedicht von Goethe,
das er eines Abends spöte
auf dem Sofa noch ersann.

Welche Diktatform gefällt dir am besten?

Kennst du das? Manche Wörter schreibt man immer wieder falsch. Die musst du gesondert behandeln. Lege dir für diese Wörter eine Wörterdatei an. Dann kannst du sie genauso lernen wie Vokabeln.

Texte lesen und verstehen

Oft sollst du einen Text einfach nur lesen, ohne dass du dazu eine konkrete Fragestellung bekommst. Wenn du aber verstehen willst, worum es eigentlich geht, reicht bloßes Lesen nicht aus.

Weißt du noch, warum? (**Tipp:** Die Lösung steht im ersten Kapitel.)

_____

_____

_____

Auch wenn du einen Text lesen sollst, gibt es natürlich ein paar Tricks, auf die du unbedingt achten solltest:

1. *Worum geht's? – Verschaffe dir einen Überblick.* Lies den Text in aller Ruhe durch. Worum geht es überhaupt? Achte auf die Kapitelüberschriften. Diese beziehen sich in der Regel auf das zentrale Thema des Textes. Achte auch auf die Einleitung der Kapitel und auf die ersten Sätze. Diese geben oft schon einen Überblick über das, was im Kapitel behandelt wird. Und am Ende eines jeden Kapitels gibt der Autor oft eine Zusammenfassung dessen, was er im Kapitel behandelt hat. Achte deshalb auch beson-

ders auf die letzten Sätze in einem Kapitel. Was **fett** oder *kursiv* gesetzt ist oder in einem (evtl. farbig markierten) Kästchen steht ist ebenfalls wichtig. Wenn du Wörter nicht kennst, schlage sie in einem Lexikon nach, lasse sie dir von jemandem erklären oder sieh im Internet nach (eine gute Adresse hierfür ist z. B. www.wikipedia.de), denn sonst verstehst du nicht, worum es geht. Wenn du sonst etwas nicht verstehst, markiere die Stelle im Text mit einem farbigen Stift.

2. *Unterteile den Text in Sinnabschnitte.* Wenn der Text durch Überschriften unterteilt ist, kannst du diese als Sinnabschnitte benutzen. Oft musst du aber auch innerhalb eines Kapitels unterteilen. Lies den Text dafür Absatz für Absatz durch. Achte darauf: Wann beginnt ein neuer Gedankengang? Markiere diese Stellen im Text mit einem andersfarbigen Stift.

3. *Markiere wichtige Schlüsselwörter.* Suche dann in den Sinnabschnitten nach wichtigen Schlüsselwörtern und markiere sie. Achtung! In der Regel markiert man viel mehr als eigentlich notwendig. Dann sieht man den Wald vor lauter Bäumen nicht. Markiere die Schlüsselwörter deshalb in einem ersten Durchgang mit einem Bleistift. Lies dann den Text noch einmal durch und markiere die Wörter, die dir wichtig erscheinen mit einem Farbstift oder einem Textmarker. Wenn du in dem Text selbst nicht schreiben darfst, schreibe die wichtigsten Wörter heraus.

4. *Wiederhole den Text mit eigenen Worten.* Nach jedem Absatz solltest du den Text mit eigenen Worten wiederholen. Gut wäre es, wenn dir jemand zuhört. Dann weißt du gleich, ob du den Text verständlich wiedergegeben hast.

5. *Präge dir wichtige Informationen ein.* Benutze entweder Karteikarten oder erstelle einen Schummelzettel. Wie du das machst, erklären wir dir später (S. 60).

Den folgenden Text musst du nicht wirklich kennen, denn es ist ein Nonsens-Text. Lies ihn zur Übung trotzdem durch. Gehe so vor, wie oben beschrieben.

Gummibärchen

Gummibärchen gibt es auf der ganzen Welt. Nur an Nord- und Südpol nicht, dort ist es ihnen vermutlich zu kalt. Gummibärchen sind 20–22 mm groß, wiegen ca. 2 Gramm, haben ca. 6 Kalorien und enthalten praktisch kein Fett. Es soll auch kleinere Exemplare geben (ca. 10 mm) und deutlich größere (4–10 cm). Das größte Gummibärchen aller Zeiten wurde auf der Expo 2000 gesichtet. Es wog 650 kg.

Es gibt mehr Gummibärchen als Menschen auf der Welt. An die 70 Millionen Exemplare werden täglich geboren. Würden alle Gummibärchen ihr erstes Lebensjahr überleben, so könnten sie – aneinandergelegt – die Erde dreimal umrunden.

Gummibärchen gibt es in den Farben rot, gelb, orange, grün und weiß. Dabei sind die Roten die weitaus häufigsten – sie sollen ungefähr doppelt so oft vorkommen wie die Andersfarbigen. Gummibärchen sind ausgesprochene Rudeltiere. Sie leben in Nestern von zumeist goldener Farbe, die von Fachleuten „Tüten" genannt werden. 100–200 meist erwachsene Exemplare – leben in einer solchen Tüte zusammen. Gummibärchentüten gibt es überall, wo viele Menschen sind – in Supermärkten, an Kino- und Theaterkassen, in Schwimmbädern und in Vergnügungsparks.

Neuesten Forschungen zufolge handelt es sich um eine extraterrestrische (außerirdische) Lebensform, die sich auf der Erde verbreitet, um die Menschheit zu vernichten. Tatsächlich sind Gummibärchen dafür bekannt, schreckliche Krankheiten zu übertragen, deren Erreger sie in ihrer Heimat – vermutlich dem Stern Alpha Centauri $\pi^{7/8}$ – zum Zwecke der Vernichtung der Menschheit gezüchtet haben. Unter anderem rufen diese Erreger Zahnkaries hervor, jene schreckliche Krankheit, die zu hässlichen Verfärbungen an den Zähnen und schmerzhaften Folterungen bei Zahnärzten führen, welche als gefährliche Verbündete von Alpha Centauri $\pi^{7/8}$ gelten. Gummibärchen sind Schädlinge und müssen daher unbedingt vernichtet werden. Einfaches Töten – z.B. durch Abbeißen des Kopfes oder Auseinanderziehen auf die doppelte Körpergröße – reicht in der Regel nicht aus. Man muss den Kadaver beseitigen. Die zuverlässigste Methode besteht darin, die Gummibärchen zu verspeisen. Da sie in der Regel recht schmackhaft sind, fällt das nicht schwer. Allerdings sollte man keinesfalls vergessen, anschließend sorgfältige Maßnahmen zum Schutz vor Karies zu ergreifen (sorgfältiges Zähneputzen), damit auch Zahnkaries keine Chance hat. Zudem sollte man nicht zu viele zugleich vernichten, da zu viele Gummibären auch aus dem Magen heraus noch Schäden anrichten können.

Schummelzettel

Wer abschreibt kriegt 'ne Sechs! So war es immer schon und so ist es auch heute noch. Wir raten dir dennoch, einen Schummelzettel anzufertigen. Aber nicht, um ihn zu benutzen. Das musst du auch gar nicht. Wenn du dir einen guten, strukturierten Schummelzettel angefertigt hast, hast du das Thema, um das es geht, so gut im Kopf, dass du in der Prüfung gar keinen Schummelzettel mehr brauchst.

Und so machst du einen Schummelzettel:
Alles, was du brauchst, ist ein großes Blatt Papier (DIN A4, DIN A3 oder gar ein großes Stück Packpapier). Benutze Blanko-Papier, also Papier ohne Kästchen und Linien. Außerdem brauchst du Farbstifte. Lege das Blatt quer und schreibe in die Mitte das zentrale Thema. Male (zusätzlich) ein Bild. Achte darauf, dass das Thema nicht zu viel Platz einnimmt, sodass du noch Platz für die Unterthemen hast.

Male für jedes Unterthema einen dicken Hauptast. Gebrauche für jeden Ast eine andere Farbe, dadurch wird dein Schummelzettel übersichtlicher. Beschrifte den Hauptast. Benutze Großbuchstaben, denn die prägen sich besser ein. Außerdem solltest du für die Beschriftung dieselbe Farbe wählen wie für den jeweiligen Hauptast. Gebrauche Schlüsselwörter, keine ganzen Sätze. Schlüsselwörter kann man sich besser merken. Du solltest dazu auch Bilder malen.

Zeichne für weiterführende Informationen dünnere Nebenäste an die Hauptäste. Von den Nebenästen können weitere Nebenäste abgehen. Achte aber darauf, dass dein Schummelzettel nicht zu unübersichtlich wird. Wenn von einem Ast zu viele Nebenäste abgehen, überlege, ob du besser stattdessen mehrere Äste zeichnest.

Übrigens: Wenn du einen Fehler machst, ist das nicht so schlimm. Nimm ein Stückchen Papier und überklebe die falsche Stelle.

Wenn dein Schummelzettel fertig ist, hast du dir den Lernstoff wahrscheinlich schon gut eingeprägt. Du kannst ihn dennoch zur Sicherheit irgendwo aufhängen, wo du dich viel aufhältst und wo du ungestört bist – z. B. an der Klotür. Oder du nutzt den Schummelzettel als ein Lernplakat und hängst ihn in deinem Zimmer auf. Dann rufst du dir den Stoff immer dann in Erinnerung, wenn du dort bist.

Wo kannst du deinen Schummelzettel sonst noch aufhängen?

_____

_____

_____

Erstelle auf einem Extrablatt einen Schummelzettel zum Thema Gummibärchen.

Aufsätze schreiben

Du sollst einen Aufsatz schreiben? Einen Erlebnisbericht, eine erfundene Geschichte oder einen Aufsatz über ein Sachthema!? So kannst du vorgehen:

1. Beginne mit einem Brainstorming. „Brainstorming" heißt wörtlich übersetzt etwa „Gedankensturm". Schreibe dabei zunächst alle Gedanken, die dir kommen, völlig wertungsfrei und unkommentiert auf – egal wie verrückt oder abwegig sie zunächst erscheinen. Durch dieses freie Denken erhöht sich deine Kreativität und gerade aus abwegigen Gedanken können sich die besten Aufsätze ergeben. Gerade bei Themen, zu denen du überhaupt keine Idee hast, ist Brainstorming sehr sinnvoll. Durch freie Überlegungen kommst du erst auf die Fragen, die deinen Aufsatz interessant machen. Wenn du einen Sachaufsatz schreiben sollst: Beschaffe dir alle Informationen, die du brauchst. Benutze Fachbücher, Lexika oder das Internet.

Tipp: So machen es auch die Profis: Du solltest immer etwas zum Schreiben dabei haben – egal wo du bist. Gute Ideen blitzen oft nur ganz kurz auf. So kannst du sie sofort aufschreiben – damit du sie nicht wieder vergisst.

Stell dir vor, du sollst einen Aufsatz zum Thema „Ein verrückter Schultag" schreiben. Welche Ideen kommen dir? Schreibe alles auf.

_____

_____

_____

_____

_____

_____

_____

2. Formuliere ein Thema für deinen Aufsatz.

Wähle aus, über welches Thema genau du schreiben willst.

_____

_____

_____

_____

3. Sammle weitere Ideen zu deinem Thema.

▷ Mache zum ausgewählten Thema erneut eine Ideensammlung.

_____

_____

_____

_____

_____

_____

Tipp: Um deine Ideen zu ordnen hilft dir ein Schummelzettel.

▷ Erstelle auf einem Extrablatt einen Schummelzettel zum Thema „Ein verrückter Schultag".

4. Ordne deine Gedanken. Mach es dir dafür gemütlich. Lege dich auf dein Bett, auf das Sofa oder auf den Teppich. Wenn du magst, schalte Musik ein – in Zimmerlautstärke. Wenn du klassische Musik magst – umso besser. Mit Barockmusik (Bach, Händel, Vivaldi) kann man am besten lernen. Zünde eine Kerze an und beobachte die Flam-

men. Oder lege dich in die Badewanne, stell dich unter die Dusche, unternimm einen Waldlauf oder einen Spaziergang. Überlege, worauf der Aufsatz hinauslaufen soll. Welches ist die Pointe, der Spannungshöhepunkt deiner Geschichte? Falls du einen Sachaufsatz schreibst: Welches ist deine wichtigste These? Sortiere aus deiner Ideensammlung die Ideen heraus, die du für deinen Aufsatz brauchst. Ordne die ausgewählten Ideen danach, was in die Einleitung, den Hauptteil und den Schluss gehört.

5. Schreibe deinen Aufsatz zunächst einmal vor und benutze dafür am besten ein Schmierheft mit Rand. Der Rand sollte breit genug für Korrekturen sein.

Grundsätzlich kannst du bei Aufsätzen so vorgehen:

Einleitung: Hier stellst du die Personen vor, die in dem Aufsatz vorkommen, die Orte und die Zeit, in der die Geschichte spielt. In einem Sachaufsatz erläuterst du das Thema, um das es geht und eventuell die Meinungen anderer Autoren zu deinem Thema.

Hauptteil: Hier wird die eigentliche Geschichte erzählt. Probleme tauchen auf, und müssen gelöst werden. Erzähle in diesem Teil, was die Personen tun, was sie dabei empfinden und welche neuen Schwierigkeiten auftauchen. Gegen Ende des Hauptteils (nach etwa zwei Drittel) beginnt der Höhepunkt, das große Finale, hier ist die Spannung am größten. In einem Sachaufsatz bringst du in diesem Teil deine Argumente.

Schluss: Hier spitzt sich der Aufsatz auf die Pointe, die Botschaft, den Spannungshöhepunkt, die These zu. Der Schluss ist im Verhältnis zum Hauptteil sehr kurz.

6. Überprüfe deinen Aufsatz inhaltlich: Gibt er das wieder, was du sagen willst? Stimmt die Reihenfolge der Handlung/der Argumente?

7. Überprüfe deinen Aufsatz auf sprachliche Feinheiten. Darauf solltest du achten: Vermeide Wortwiederholungen. Eine gute Geschichte kann schnell langweilig werden, wenn man immer wieder dieselben Worte benutzt *„er lief"*, *„dann lief er"*, *„sie lief auf ihn zu"*, *„er lief weg"*. Statt dessen sollte man auch andere Worte mit gleicher Bedeutung benutzen *„er rannte auf sie zu"*, *„sie stolperte um die Ecke"*, *„er jagte ihm hinterher"*, *„sie raste davon"*, *„sie ergriff die Flucht"*. Das gilt ganz besonders am Satzanfang. Es ist eine schlechte Angewohnheit, Sätze immer mit *da, dann, und dann* zu beginnen.

Finde möglichst viele verschiedene Wörter für:

Schule _____

Lehrer _____

lernen _____

- Vermeide Bandwurmsätze. Viele Menschen neigen dazu Sätze zu formulieren, die so ellenlang sind, dass am Ende niemand mehr weiß, was am Anfang gesagt wurde. Teile den Satz auf. Lieber zwei, drei oder vier Einfache, als ein komplizierter Satz. Dadurch fällt es leichter, den Text zu lesen und zu verstehen.

- Vermeide Schachtelsätze wie z.B.: *„Derjenige, der denjenigen, der den Pfahl, der an der Brücke, die an der Straße, die nach Mainz führt, liegt, steht, umgeworfen hat, anzeigt, erhält eine Belohnung."*

Stelle die Nebensätze (im Beispiel oben) jeweils ans Satzende oder – noch besser – formuliere zwei oder drei einfache Sätze stattdessen.

_____

_____

_____

_____

- Vermeide Passivsätze: Deine Leser wollen wissen, wer „der Täter" ist. Schreibe also nicht: *„Gesucht werden Zeugen, die gesehen haben, wie der Pfahl umgeworfen wurde"*, sondern ...

Formuliere den Satz *„Gesucht werden Zeugen, die gesehen haben, wie der Pfahl umgeworfen wurde"* um. (Denk daran, kurze Sätze zu gebrauchen.)

_____

_____

_____

_____

_____

- Benutze viel wörtliche Rede. Sie ist wichtig für einen spannenden, lebendigen Aufsatz. Gebrauche auch erlebte Rede, in der du die Gefühle der handelnden Personen wiedergibst: *Oh, ist das langweilig/gruselig/eine tolle Überraschung ... Es war zum Die-Wände-hoch-laufen ...*

- Entscheide dich für eine Zeitform, die du beibehältst. Schlecht ist es, wenn deine Geschichte so wie hier zum Teil in der Gegenwart und zum Teil in der Vergangenheit steht: *„Ein kleines Mädchen geht in den Wald. Es wollte seiner Großmutter Kuchen und Wein bringen. Die Großmutter liegt krank im Bett. Plötzlich sprang ein Wolf aus dem Gebüsch. Das Mädchen erschrickt."*

Übrigens: Texte werden oft lebendiger, wenn du in der Gegenwart schreibst.

Schreibe die Geschichte von Rotkäppchen (S. 68) so um, dass sie entweder nur in der Gegenwart oder nur in der Vergangenheit steht.

_____

_____

_____

_____

_____

_____

8. Überprüfe die Rechtschreibung in deinem Aufsatz. Schreibfehler können passieren. Sie passieren dir, deinen Mitschülern, deinen Lehrern – ja selbst den Profis. Das ist auch gar nicht schlimm. Trotzdem solltest du deinen Aufsatz auf Fehler überprüfen, damit du in der Schule einen fehlerfreien Text abgibst. Wenn du unsicher bist, ob du ein Wort richtig geschrieben hast, benutze dein Wörterbuch.

Tipp: Oft kennst du deinen eigenen Text zu gut, um alle Fehler (Stilfehler und Rechtschreibfehler) zu entdecken. Deshalb ist es sinnvoll, wenn ihn auch deine Eltern, Geschwister oder Freunde lesen.

9. Schreibe deinen Aufsatz ins Reine – entweder mit der Hand oder mit dem Computer.

Referate halten

Referate halten ist nicht einfach: Du musst ein Thema nicht nur vorbereiten, du musst es auch noch vortragen – und zwar so, dass es für deine Mitschüler nicht langweilig wird. Wie macht man das?

➤ Stell dir vor, du sollst ein Referat halten. Worüber möchtest du sprechen?

_____

_____

Bei der Vorbereitung deines Referates sind einige Schritte zu beachten:

1. Wähle ein Thema – am besten eines, für das du dich wirklich interessierst. Denn dann macht es am meisten Spaß, das Referat vorzubereiten. Und auch für deine Mitschüler wird das Referat interessanter, wenn du Spaß an dem Thema hast.

2. Sammle Material für deinen Vortrag. Auch wenn dir dein Lehrer Bücher oder Aufsätze empfohlen hat, kann es nicht schaden auch eigene Texte zu besorgen.

➤ Wo kannst du die finden?

_____

_____

Welche Materialien könntest du noch für dein Thema benutzen?

_____

_____

_____

_____

3. Lies die Texte, die du zu dem Thema gefunden hast. Was du dabei beachten musst, weißt du schon.

4. Sortiere das Material. Welche Frage(n) sollst du in deinem Referat beantworten? Welche Texte helfen dir dabei? Welche Aspekte sind für deine Mitschüler interessant, welche eher uninteressant oder verwirrend?

5. Ein Referat auswendig aufsagen – das kann niemand. Ein fertig formuliertes und abgelesenes Referat ist für deine Mitschüler langweilig. Deshalb solltest du dir eine Stichwortsammlung anfertigen, an der du bei deinem Vortrag orientieren kannst. Du kannst dafür Karteikarten verwenden. Die Karten solltest du einseitig beschreiben, damit du nicht umblättern musst. Außerdem solltest du die Karten durchnummerieren. Schreibe auf die Karten jeweils ein Stichwort und ein paar kurze Erläuterungen. Schreibe ordentlich, damit du die KARTEN AUCH IM Vortrag noch lesen kannst. Und schreibe groß, dann kannst du sie auch mit Abstand (ca. 1 Meter) noch lesen.

Hangele dich nun von Stichwort zu Stichwort; ein paar Versprecher sind völlig in Ordnung und lassen dich eher menschlich wirken. Auch ein Schummelzettel ist im Referat erlaubt. Wie du den anfertigst, hast du gelernt.

6. Jetzt weißt du, worüber du sprechen möchtest. Ein Vortrag ist aber immer auch „Eigenwerbung". So, wie in der Werbung die Menschen dazu gebracht werden sollen, ein Produkt zu kaufen, musst du versuchen, deine Klassenkameraden für dein Thema zu interessieren. Bemühe dich deshalb um einen guten Einstieg. Wie wäre es mit einem Witz, einer Anekdote oder einer Karikatur?

Was könnte ein guter Einstieg in dein Referat sein? Sammele verschiedene Ideen.

Hinweis: Überlege dir vorab, ob du Hilfsmittel (z. B. Dias, Overheadprojektor, Modelle ...) einsetzen möchtest. Wenn ja solltest du dich frühzeitig um die Materialien und Geräte kümmern. Besprich mit deiner Lehrerin/deinem Lehrer, was du vor hast und frag, ob du z.B. den Overheadprojektor benutzen darfst. Wichtig ist es auch zu überprüfen, ob die technischen Geräte denn auch wirklich funktionieren.

Was spricht für den Einsatz von Hilfsmitteln wie Dias, Overheadprojektor o. ä.? (**Tipp:** Die Lösung steht im ersten Kapitel „Der Lerntest – Welcher Lerntyp bist du?".)

_____

_____

_____

_____

Vermeide Gedankensprünge. Deine Zuhörer können nicht zurückblättern und sich orientieren. Bleibe beim Thema. Wenn du auf etwas zurückgreifst, das du vor 5 Minuten gesagt hast, wiederhole es lieber, anstatt dich auf das Gedächtnis deiner Mitschüler zu verlassen.

Wenn es um schwierige Sachverhalte geht: Erkläre sie mehrfach und mit verschiedenen Worten. Vielleicht kannst du sie anhand eines Beispiels erläutern.

Menschen können sich immer nur 10 Minuten voll und ganz konzentrieren. Danach lässt die Konzentration schnell nach. Damit deine Mitschüler während deines Referats nicht schläfrig werden, solltest du dein Referat in Abschnitte von je 10 Minuten einteilen. Nach einer Phase mit mündlichen, inhaltlichen Ausführungen, gönn deinen Mitschülern eine Pause, in der du Dias oder Schaubilder zeigst. Du kannst ihnen auch die Möglichkeit geben, Fragen zu stellen oder ihre Meinung zum Thema zu sagen.

Was kann man sonst noch in einer Pause tun?

_____

_____

_____

Ein anspruchsvolles Referat zeigt zwar, wie sehr du dich auf das Referat vorbereitet hast. Du wirst aber schnell feststellen, dass deine Mitschüler nicht in der Lage sind, komplizierte Sachverhalte in kurzer Zeit aufzunehmen. Denk daran, dass du auch länger als 15 Minuten gebraucht hast, um alles zu verstehen. Konzentriere dich deshalb auf das Wesentliche und empfiehl deinen Mitschülern Bücher oder Internetseiten, auf denen sie sich weiter über dein Thema informieren können. Benutze außerdem so wenig Fremd- oder Fachwörter wie möglich. Und wenn sich Fachausdrücke nicht vermeiden lassen: Erkläre sie deinen Mitschülern.

Ein guter Weg, deine Mitschüler für dein Referat zu interessieren, ist sie mit einzubeziehen. Du kannst ihnen z. B. Fragen stellen. Du kannst am Ende auch ein kleines Quiz veranstalten und dem Gewinner einen kleinen Preis überreichen (eine kleine Tüte Gummibärchen, ein Aufkleber, ein Lolli ...).

> Was kannst du sonst noch tun?

Tipp: Das machen auch die Profis: Du solltest deinen Mitschülern ein Thesenpapier aushändigen, auf denen du die wichtigsten Punkte deines Referats auflistest. So können sie sich nachträglich über den Inhalt deines Referats informieren. Auch eine Literaturliste kannst du anhängen, in der du Bücher, Aufsätze und Internetseiten angibst, auf denen sich deine Mitschüler über das Thema informieren können.

7. Damit du dein Referat ohne Stocken vortragen kannst, solltest du es ein paar Mal zu Hause üben. Trage es deinen Eltern, Geschwistern, notfalls deinem Haustier vor. Übung macht den Meister. Bei jedem Vortrag entwickelst du im Kopf eine Ausformulierung. Gefällt dir ein Einfall, schreibe ihn auf. Natürlich kannst du auch das ganze Referat schriftlich formulieren. Gebrauche den Zettel aber nur im Notfall (wenn du den Faden verlierst o. ä.). Andernfalls läufst du Gefahr den kompletten Text abzulesen. Und ein abgelesener Text ist langweilig.

8. Hast du Lampenfieber? Das ist nicht so schlimm. Selbst Professoren von der Universität werden nervös, wenn sie einen Vortrag halten sollen. Denke daran, dass niemand dir etwas Böses will. Außerdem weiß niemand in der Klasse über dein Thema so gut Bescheid wie du.

9. Wenn du das Referat hältst, achte auf Folgendes:

- Gebrauche kurze, klare Sätze.
- Sprich laut und deutlich. Auch die Schlafmützen in der letzten Reihe sollen dich hören.
- Sprich nicht zu schnell, denn sonst können dir deine Mitschüler schwer folgen. Versuche auch, einen eventuellen Dialekt zu vermeiden.
- Vermeide unbewusste Bewegungen wie z. B. nervös mit Stiften, Knöpfen, Schmuckkettchen oder Ringen zu spielen.
- Solltest du zwischendurch stecken bleiben, kannst du das überspielen, indem du z. B. den letzten Satz wiederholst, das Vorherige zusammenfasst, dich über eine minimale Störung (z. B. Flüstern von Zuhörern) beschwerst.
- Zum Einstieg solltest du einen kurzen Überblick darüber geben, was du im Referat besprechen wirst. Deine Mitschüler wissen dann, was sie erwartet und sie können dir leichter folgen.
- Gib am Ende eine Zusammenfassung deines Vortrags.

Warnung: Im Internet findest du viele vorformulierte Referate, die andere Schüler oder Schülerinnen einmal geschrieben haben. Die kannst du lesen – sofern du dafür nicht bezahlen musst – du solltest sie aber nicht ungeprüft übernehmen. Meistens ist das Thema, über das du arbeiten sollst, ganz speziell. Niemand vorher hat es so bearbeitet. Außerdem weißt du doch gar nicht, ob sich in ein solches Referat nicht Fehler eingeschlichen haben, die du lieber vermeiden möchtest.

Recherchieren im Internet

Das World Wide Web (WWW) ist eine tolle Sache. Es enthält Informationen zu allen Aspekten, die irgendjemanden auf der Welt interessieren könnten. Das kannst du ruhig wörtlich nehmen. Du musst dir das World Wide Web wie eine riesige Bücherei vorstellen, in der viele Bücher zu vielen interessanten Themen stehen. Die Bücher in der Bücherei Internet nennt man „Webseiten".

➤ Rate mal, wie viele Webseiten es gibt.

☐ mehrere hundert	☐ mehrere tausend
☐ mehrere zehntausend	☐ mehrere hunderttausend
☐ mehrere Millionen	☐ viele Milliarden

Eine eindeutige Antwort ist schwierig. Man kann nur schätzen wie viele Seiten das World Wide Web hat. Es kommen ständig neue Seiten hinzu. Und andere verschwinden wieder.

Wenn du in einer Bücherei nach einem Buch suchst, bittest du die Bibliothekarin um Hilfe. Sie findet für dich das Buch, das du lesen möchtest. Im WWW nennt man die Bibliothekarinnen Suchmaschinen. Sie suchen für dich die passenden Webseiten heraus. Du musst nur die Internetadressen der Suchmaschinen kennen.

Dies sind Suchmaschinen für Erwachsene und Kinder:

Google: www.google.de   Fireball: www.fireball.de
Yahoo!: www.yahoo.de   Lycos: www. lycos.de
Altavista: www.altavista.com

Und dies sind Suchmaschinen speziell für Kinder:

Blinde Kuh: www.blinde-kuh.de   Trampeltier: www.trampeltier.de
Milkmoon: www.milkmoon.de   Helles Köpfchen: www.helles-köpfchen.de

Wenn du zu einer Suchmaschine kommen willst, gibst du ihre Adresse ins Adressfeld ein und drückst die Eingabetaste oder du klickst o.k. Schon bist du da.

Die folgenden Seiten könnten hilfreich sein, wenn du dich auf eine Klassenarbeit vorbereiten, einen Aufsatz schreiben oder ein Referat halten musst :

www.wikipedia.de   www.geolino.de
www.schuelerlexikon.de   www.wissen.de
www.kindernetz.de   www.die-kinder-uni.de
www.wasistwas.de

Besuche die Seiten im Internet und probiere sie aus. Suche nach dem Begriff „schummeln". Wie viele Seiten findest du bei Google? Wie viele bei der „blinden Kuh"?

_____

_____

Wie heißen die Webseiten, die du bei der „blinden Kuh" findest, wenn du den Suchbegriff „schummeln" eingibst?

_____

_____

_____

Du musst dann nur noch die Seite anklicken, die dich interessiert. Schließe die Seite wieder, wenn du sie zu Ende gelesen hast. Dafür musst du den „Zurück"-Button oben neben dem Adressfeld klicken. Manchmal funktioniert das nicht. Dann musst du das ganze Fenster schließen. Das macht man, indem man das kleine Kreuz ganz oben rechts im Fenster klickt.

Suchmaschinen suchen Webseiten nach der Zeichenfolge ab, die du eingegeben hast. Sie fragen nicht, ob die Zeichenfolgen sinnvolle Wörter ergeben oder nicht. Du musst deshalb auf deine Rechtschreibung achten, wenn du ein Wort ins Eingabefeld schreibst. Wenn du das Wort nämlich falsch schreibst, kann es passieren, dass du als Ergebnis eine Fehlermeldung bekommst – oder totalen Quatsch.

Probiere es aus: Suche nach dem Begriff „schumeln" bei den Suchmaschinen „Blinde Kuh", „Milkmoon" und „Trampeltier". Was passiert?

_____

_____

_____

Manche Suchmaschinen sind schlauer. Sie erkennen, wenn in einem Wort ein Rechtschreibfehler steckt. Bei Google findest du einen Hinweis: „Meinen Sie *schummeln*?" Wenn du auf diesen Link klickst, kommst du zum richtigen Ergebnis.

Probiere es aus: Wie falsch musst du „schummeln" schreiben, damit selbst Google es nicht mehr findet?

_____

_____

_____

Manche Wörter bedeuten etwas anderes, wenn du sie falsch schreibst. Klar, dass du dann nicht die Informationen bekommst, nach denen du suchst.

▷ Was passiert, wenn du bei der „blinden Kuh" nach dem Begriff *Hunt* suchst?

_____

_____

▷ Suche bei Google: Was ist ein *Hunt*?

_____

_____

▷ Probiere es aus: Was trifft zu?

Je nachdem, ob ich *sport, SPORT, Sport* oder *SpOrT* eingebe, ☐ ja ☐ nein
ich erhalte immer ein anderes Suchergebnis:

Ich kann statt nach *Gummibärchen* auch nach *Gummibaerchen* ☐ ja ☐ nein
suchen: Das Ergebnis ist dasselbe.

Statt nach *Fußball* kann ich auch nach *Fussball* suchen. Die ☐ ja ☐ nein
Suchmaschine zeigt dieselben Seiten.

Manche Wörter haben mehrere Bedeutungen. Man nennt sie Teekesselchen oder (in der Sprachwissenschaft) Homonyme.

➤ Welche Teekesselchen fallen dir ein?

_____

_____

_____

Wenn du den Suchbegriff *Pferd* eingibst, weiß die Suchmaschine nicht, welches Pferd du meinst: das Turngerät oder das Tier. Das musst du ihr sagen. Sonst zeigt sie dir mehr Internetseiten als du brauchst. Du könntest deshalb eingeben:

- *Pferd Tier,* wenn du etwas über das Tier „Pferd" erfahren willst.
- *Pferd Turngerät,* wenn du etwas über das Turngerät „Pferd" erfahren willst.

➤ Gib folgende Begriffe ein:

- Bienenstich Fingerhut
- Birne Hahn

➤ Suche dann genauer: Bienenstich Kuchen, Bienenstich Insekten usw.

Tipp: Auch wenn ein Wort nur eine Bedeutung hat, lohnt es sich der Suchmaschine möglichst genau zu sagen, was du suchst. So bekommst du schnell und einfach ein passendes Ergebnis.

Das Gedächtnis überlisten

Kennst du das? Du lernst Vokabeln – aber manche Wörter kannst du dir einfach nicht merken. Du lernst grammatische Regeln, mathematische Formeln – aber du kannst sie dir einfach nicht einprägen. Es gibt ein paar Tricks, wie du dein Gedächtnis überlisten kannst.

Wortfeld-Methode

Du weißt schon, dass das Lernen leichter fällt, wenn du strukturiert vorgehst. Die Wortfeld-Methode zielt darauf ab, einzelne Informationen erst zu strukturieren und dann zu lernen. Strukturieren heißt in diesem Fall: nach Wortfeldern zu sortieren.

Was ist ein Wortfeld? Ein Wortfeld ist eine Gruppe von Wörtern, die etwas ähnliches bedeuten.

Wie funktioniert diese Methode? Stell dir vor, du sollst dir die folgenden elbischen Vokabeln in 5 Minuten einprägen:

edhel	Elbe (Elfe)	mel	lieben
roch	Pferd	harad	Süden
meleth	Liebe	rochben	Reiter
Eledharan	Elbenkönig	mellon	Freund
rhun	Osten	elleth	Elbenmädchen

Schwierig, nicht?

Wenn du die Wörter in Wortfelder ordnest, ist das Vokabeln lernen viel leichter:

Elben:		Liebe/Freundschaft:	
edhel	Elbe	mel	lieben
elleth	Elbenmädchen	mellon	Freund
eledharan	Elbenkönig	meleth	Liebe
Himmelsrichtungen:		**Reiten:**	
rhun	Osten	roch	Pferd
harad	Süden	rochben	Reiter

Probiere es aus: Ordne die folgenden lateinischen Vokabeln in Wortfelder und lerne sie dann:

frater	Bruder	bos	Kuh
schola	Schule	mater	Mutter
porcinus	Schwein	discere	lernen
discipulus	Schüler	soror	Schwester
canis	Hund	magister	Lehrer
pater	Vater	faeles	Katze

Wortfelder:

_____

_____

_____

_____

_____

_____

_____

_____

_____

Geschichten-Methode

Bei dieser Methode musst du die Begriffe, die du lernen willst, in eine möglichst lustige Geschichte einbauen. Geschichten kann sich dein Gedächtnis nämlich oft besonders gut einprägen. Versuche, dir die Geschichte dann als einen Film vorzustellen. Wenn du Vokabeln lernen willst, erfindest du am besten eine „Kauderwelsch-Geschichte". Dafür musst du englische, französische, lateinische Wörter anstelle von deutschen Wörtern einsetzen.

So könnte eine Kauderwelsch-Geschichte für unsere lateinischen Vokabeln aussehen:

Es ist früh am Morgen. Der *discipulus* schläft tief und fest. Er hat einen süßen Traum. Die *schola* fällt aus. Der *magister* ist krank. Heute braucht er nicht zu *discere*.

Doch seine *mater* weckt ihn. Aus ist der schöne Traum. Sein *pater* klappert in der Küche mit der Bratpfanne. Er brät Eier und Speck für das Frühstück. Sein *frater* sitzt schon am Frühstückstisch. Seine *soror* ist seit einer halben Stunde im Badezimmer. Und was ist das. Da steht die *faeles* auf dem Küchentisch und frisst die Spiegeleier. Der *canis* frisst den Speck. Die *bos* schaut durch das Fenster und ruft: „Lass mir auch etwas übrig, du *porcinus*."

Natürlich kannst du auch andere Dinge als Vokabeln mit der Geschichtentechnik lernen.

Tipp: Wenn du schwere Fachausdrücke zu lernen hast, die du dir schlecht merken kannst, dann hilft es an etwas zu denken, was ganz ähnlich klingt. Wenn du dir z. B. „Fauna" als Fachbegriff für die Tierwelt merken willst, dann denk an den „Pfau", der klingt ähnlich und ist ein Tier. So fällt dir dann bestimmt auch ganz schnell der richtige Fachbegriff „Fauna" wieder ein.

Versuche einmal die Ahnenreihe des Menschen in eine Geschichte zu verpacken:

Ramapithecus > Australopithecus > Homo habilis > Homo erectus > homo sapiens

_____

_____

_____

_____

_____

_____

_____

_____

_____

_____

_____

Tipp: Nimm anstelle der schweren Fachausdrücke Wörter, die ähnlich klingen: für Ramapithecus = Rama (Margarine), Australopithecus = Australien etc.

Locitechnik

Diese Methode, die manchmal auch „Methode der Orte" genannt wird, gilt als die älteste Merktechnik. Schon die griechischen und römischen Redner sollen sie genutzt haben, um sich die wichtigsten Begriffe für ihre langen Reden zu merken. Für dich eignet sich die Locitechnik, wenn du Begriffe in einer bestimmten Reihenfolge lernen sollst.

Und so funktioniert die Locitechnik:

- Du wählst einen Weg aus, den du gut kennst. Das kann z. B. dein täglicher Weg zur Schule sein. (Wähle dann markante Punkte auf diesem Weg aus, die dir immer wieder auffallen: Haustür, Gartentor, Supermarkt, Kreuzung, Bushaltestelle, Zebrastreifen, Schultor, Klassentür o. ä.)

- Jetzt laufe diesen Weg in Gedanken ab. Was könnte dir passieren? Überlege dir eine kleine Geschichte und verbinde die Begriffe, die du lernen sollst, durch ein Bild mit diesen Orten.

- Stell dir vor, du sollst die folgenden Begriffe auswendig lernen: *Pharao, Sphinx, Mumie, Nil, Papyrus, Skarabäus, Pyramide, Archäologe.* (Wenn du einzelne Begriffe nicht kennst, bitte deine Eltern oder Geschwister, sie dir zu erklären.)

Dazu könntest du dir diese Geschichte ausdenken:

Stell dir vor, was mir heute morgen passiert ist! Ich bin auf dem Weg in die Schule. Gerade trete ich aus der Haustür, da kommt mir ein leibhaftiger Pharao entgegen. „Ich bin in Not", sagt er zu mir. „Die Sphinx, die bei euch am Gartentor sitzt, will mich nicht auf die Straße lassen. Ich will aber in den Supermarkt gehen. Dort kauft nämlich die Mumie meiner Frau gerade ein." Ich lasse den Mann stehen, denn ich bin spät dran.
Was begegnet mir an der Kreuzung? Ein echtes Nilkrokodil! An der Bushaltestelle sehe ich einen Anschlag. Was steht da auf dem Papyrus? „10€ Finderlohn für den, der meinen Emil findet." Ich schaue mich um, und sehe, dass Emil mitten auf dem Zebrastreifen sitzt. Ein echter Skarabäus. Ich stecke den Käfer in die Tasche und gehe zum Schultor und betrete die Schule, die zur Pyramide geworden ist. Auf dem Weg zum Klassenzimmer kommen mir Kinder entgegen. „Mathe fällt aus. Der Lehrer arbeitet ab heute als Archäologe."

Jetzt bist du dran:

Stell dir vor, du sollst lernen, welches die zehn flächenmäßig größten Länder der Europäischen Union sind:

1. Frankreich	2. Spanien	3. Schweden	4. Deutschland	5. Finnland
6. Polen	7. Italien	8. Großbritannien	9. Griechenland	10. Ungarn

Benutze zum Lernen die Locitechnik. Wie könnte deine Geschichte aussehen?

_____

_____

_____

_____

_____

_____

_____

_____

_____

_____

Zahlentechnik

Auch diese Technik eignet sich, wenn du Reihenfolgen lernen sollst:
Du ordnest einfach den Informationen, die du lernen sollst, Symbole zu, die dich an Zahlen erinnern.

Zahlensymbole könnten z.B. Folgende sein:

1. Kerze
2. Brille (zwei Gläser)
3. Dreirad
4. Auto (vier Räder)
5. Hand (5 Finger)
6. Würfel (6 Seiten)
7. sieben Zwerge
8. Achterbahn
9. Katze (9 Leben)
10. Zehen (10 Zehen)
11. Fußballmannschaft
12. Mitternacht
13. Unglück

usw.

Mal angenommen, du sollst die Bundeskanzler in der richtigen Reihenfolge aufzählen können, die in Deutschland bisher regiert haben. Um sie dir besser in der richtigen Reihenfolge merken zu können, könntest du die Zahlensymbole nutzen.

Das sieht dann z. B. so aus:

Adenauer	1:	Konrad Adenauer zündet eine Kerze an.
Erhard	2:	Ludwig Erhard kauft sich eine neue Brille.
Kiesinger	3:	Kurt-Georg Kiesinger holt ihn mit dem Dreirad vom Optiker ab.
Brandt	4:	Willy Brandt überholt beide in seinem Auto.
Schmidt	5:	Helmut Schmidt steht am Straßenrand und hebt die Hand.
Kohl	6:	Helmut Kohl spielt ein Würfelspiel.
Schröder	7:	Gerhard Schröder wohnt bei den sieben Zwergen.
Merkel	8:	Angela Merkel fährt in der Achterbahn.

Lerne zehn technische Erfindungen des 20. Jahrhunderts in der vorgegebenen Abfolge auswendig:

Kühlschrank	Handy	Videorekorder	Computer	Notebook
Farbfernseher	Mikrowelle	Taschenrechner	Walkman	CD

Benutze dafür die Zahlentechnik. Welche Bilder fallen dir zu den Erfindungen ein?

_____

_____

_____

_____

_____

_____

_____

ABC-Technik

Die ABC-Technik ähnelt der Zahlentechnik. Du ordnest jedem Buchstaben im Alphabet ein Bild zu, z.B.:

A: Affe
B: Ball
C: Cola
usw.

Lerne die Bundeskanzler Deutschlands in der richtigen Reihenfolge, wie du das bereits mit der Zahlentechnik geübt hast. Benutze diesmal dazu die ABC-Technik. Welche Bilder ordnest du den Bundeskanzlern zu?

_____

_____

_____

_____

_____

_____

_____

_____

_____

Reimtechnik

Reime und Lieder sind für unser Gehirn besonders leicht verdaulich. Versuche deshalb, wichtige Regeln oder Fakten zu reimen oder mit einer Melodie zu unterlegen, damit du sie dir leichter merken kannst.

Übrigens: Viele sogenannte Eselsbrücken stehen in Versform:

Wer nämlich mit h schreibt, ist dämlich.

Nach l, n, r, das merke ja,
steht nie tz und nie ck.

Nimm diese Regel mit ins Bett,
nach ei, au, eu steht nie tz.

Da, wo man redet, sagt und spricht,
vergiss die kleinen Zeichen nicht.

Fallen dir auch ein paar Reime ein

_____

_____

_____

_____

_____

_____

Georg Vollmer
Kleine deutsche Grammatik für Schule und Alltag

Mit den wichtigsten Regeln der Rechtschreibung und Zeichensetzung

2007. 103 Seiten mit zahlreichen Tabellen und einigen Abb., kartoniert
ISBN 978-3-525-79008-3

Das Werk bietet einen klar strukturierten und leicht verständlichen Überblick über die wesentlichen Grundzüge der deutschen Grammatik, Rechtschreibung und Zeichensetzung. Die Materialien wurden mehrjährig in der Sekundarstufe I des Gymnasiums erprobt und nach der jüngsten Rechtschreibreform aktualisiert.

Friedel Schardt
Aufsätze schreiben

Grundformen der Sekundarstufe I

2009. 126 Seiten, kartoniert
ISBN 978-3-525-79021-2

Ein Querschnitt aller wichtigen Aufsatzarten der Sekundarstufe I mit allen Informationen, die man zum Schreiben braucht – anschaulich und gut nachvollziehbar.

Vandenhoeck & Ruprecht

Aufsätze schreiben – eine Einladung, eine Mahnung oder z.B. einen Bericht. Was ist da wichtig? Worauf müssen Schülerinnen und Schüler beim Schreiben achten? Wie hat der Aufsatz auszusehen? Welche inhaltlichen Aspekte sind wichtig? Anhand von Beispieltexten werden die Absichten, die Strukturierung und die Besonderheiten der verschiedenen Aufsatzformen der Sekundarstufe I aufgezeigt. Zum Nachschlagen, Üben, Wiederholen und Analysieren.

H. W. Ströhler
Crashkurs Latein

Schnell richtig übersetzen

2008. 64 Seiten, kartoniert
ISBN 978-3-525-71286-3

Oft liegt es an den Augen, wenn das Übersetzen nicht gelingt: Der Blick fällt nicht auf die Endungen, wie er sollte, oder wenn doch, dann erkennt er sie nicht. Der Crash-Kurs schärft den Blick und macht mit Endungen, Formen und sprachlichen Phänomenen (neu) vertraut. Er empfiehlt eine Übersetzungsmethode, die vom Überschaubaren zum Komplexen fortschreitet und dadurch hilft, Durchblick und Überblick zu gewinnen. Er eignet sich für Selbst-Lerner und Seiteneinsteiger sowie für alle, die rasch gut und richtig übersetzen wollen.